潜艇作业环境与健康维护

Submarine Operating Environment and Health Maintenance

李珂娴　方晶晶◎主编

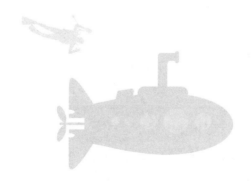

上海交通大学出版社
SHANGHAI JIAO TONG UNIVERSITY PRESS

内容提要

本书的主要内容包括潜艇主要有害环境因素、潜艇艇员健康维护和艇员健康维护相关器材三部分。潜艇主要有害环境因素介绍了潜艇大气污染、潜艇非金属材料、潜艇大气环境质量控制、潜艇电离辐射、潜艇噪声、潜艇电磁辐射和潜艇冲击振动;潜艇艇员健康维护介绍了潜艇艇员中医证候分类与保健、潜艇艇员综合保健、潜艇艇员生物钟健康保障、潜艇艇员应激反应的改善;艇员健康维护相关器材介绍了气体检测专用器材、便携式中子剂量和内污染快速诊断器材、艇员体表放射性污染去除器材。本书适用于潜艇作业环境与健康维护的科普知识普及。

图书在版编目(CIP)数据

潜艇作业环境与健康维护/李珂娴,方晶晶主编
. —上海:上海交通大学出版社,2023.1
ISBN 978-7-313-26963-8

Ⅰ.①潜…　Ⅱ.①李…②方…　Ⅲ.①潜艇—作业环
境卫生　Ⅳ.①U674.76②R134

中国版本图书馆 CIP 数据核字(2022)第 108556 号

潜艇作业环境与健康维护
QIANTING ZUOYE HUANJING YU JIANKANG WEIHU

主　　编:李珂娴　方晶晶
出版发行:上海交通大学出版社　　　　地　　址:上海市番禺路 951 号
邮政编码:200030　　　　　　　　　　电　　话:021-64071208
印　　制:上海万卷印刷股份有限公司　经　　销:全国新华书店
开　　本:890mm×1240mm　1/32　　印　　张:5
字　　数:125 千字
版　　次:2023 年 1 月第 1 版　　　　　印　　次:2023 年 1 月第 1 次印刷
书　　号:ISBN 978-7-313-26963-8
定　　价:68.00 元

本书编委会

主　编　李珂娴　方晶晶
副主编　徐新宏　王海军　李　丹
编　者（以姓氏拼音为序）
　　　　边存文　陈　伟　程清林　迟　强
　　　　杜维超　江　璐　金　鹏　李聪聪
　　　　廖昌波　刘李娜　刘玉明　罗　群
　　　　罗炎杰　任小孟　桑文娟　王宝成
　　　　王世锋　吴宇波　谢喜强　杨翊方
　　　　周宏元

前　言

　　潜艇是能够潜入水下活动的舰艇。潜艇种类繁多,形制各异,按动力装置可分为常规动力潜艇和核动力潜艇,按排水量可分为大型潜艇、中型潜艇、小型潜艇和袖珍潜艇等。潜艇的军事用途包括攻击敌人军舰或潜艇、近岸保护、突破封锁、侦察和掩护等。同时,潜艇也被广泛应用于非军事领域,如海洋科学研究、勘探开采、搜索救援、海底设施维修、水下游览观光等。潜艇作为军事武器,其主要作用是对敌陆上重要目标实施核突击,破坏敌方海上交通线,攻击敌大、中型水面舰船和潜艇,布雷、运输、侦察、救援和掩护特种人员行动等。潜艇是公认的战略性武器,其研发需要高度和全面的工业能力,目前全世界只有少数国家能够设计和生产。

　　潜艇作业环境十分复杂,其舱室完全密闭、空间相对狭小、人员高度密集、设备种类繁多,舱室中各种物理和化学有害因素种类多且同时存在,产生累积、叠加效应。其中的物理有害因素主要包括辐射、噪声、振动、极端的环境温度和湿度等。化学有害因素主要包括各种有毒有害气体(如一氧化碳、硫化氢、甲硫醇、二氧化碳、氨气、甲醛、丙烯酸等)、气溶胶、粉尘。潜艇大气环境中还存在有害微生物,对艇员健康造成威胁。此外,艇员轮流值更并且长期处在人工照明环境中,加上劳动组织不合理等因素导致艇员的生物节律紊乱。潜艇潜航时,新鲜蔬菜水果缺少,艇员主要以高脂肪、高蛋白饮食为主,不利于艇员健康。潜艇训练任务强度大、要求高,潜艇操作复杂,艇员的体力和脑力负荷相对较大,而且心理易产生应激反应。上述各种有害因素形成原因复杂,并且对艇员身心健康危害较大。

研究表明,潜艇密闭的作业环境、众多的有害因素、特殊的饮食结构、值更制度等都会给艇员的身心造成不同程度的影响,导致生理和心理产生变化,引发疾病或亚健康,而潜艇艇员的身心健康状况可直接影响潜艇的作业效能,所以相关的问题应引起人们高度重视。本书为潜艇作业环境与健康维护方面的科普读物,介绍了潜艇的主要有害环境因素、潜艇艇员健康维护和艇员健康维护相关器材,有助于大众进一步了解潜艇,为相关专业人员提供维护潜艇艇员身心健康的有效手段和方法。

编者

2021 年 12 月

目　录

第一章

潜艇主要有害环境因素

第一节　潜艇大气污染

一、潜艇舱室环境概述

潜艇舱室是与外界隔离的独特大气环境，其环境特点是人员密集、设备庞杂、空间狭小、空气成分复杂。潜艇潜航期间，艇员的新陈代谢、日常工作生活、设备运转及艇内非金属材料等都会在密闭环境中产生污染物。近年来，研究者对常规潜艇及核潜艇舱室空气污染物开展了大量的研究。由于潜艇空气中的污染物极其复杂，对污染空气组分进行全面分析在技术上还有较大的困难。据20世纪70年代中期以来的文献统计，定性检测出600多种空气组分，定量检测出100多种空气组分。根据潜艇舱室空气组分的危害程度，许多国家分别对常规潜艇空气组分和核潜艇空气组分制定了容许浓度标准。标准的制定保护了艇员的安全，为开展舱室空气中污染物组分的治理提供了依据。

目前潜艇上的气态化合物毒性作用主要集中在四个方面：①中枢神经系统毒性作用；②呼吸系统毒性作用；③眼、鼻、咽喉和呼吸道的刺激性作用;④对人体的致癌作用。舱室环境中的有害气体主要是通过呼吸系统进入人体,经过吸收、分布、代谢和排泄的过程。潜艇舱室环境中常见的有害气体如下。

(1)一氧化碳。一氧化碳是一种无色、无臭、无刺激性的气体,其在空气中的爆炸极限为12.5%～74%(体积百分数),一氧化碳进入人体后极易与血液中的血红蛋白结合产生碳氧血红蛋白,影响血红蛋白对氧的运输作用,引起人体缺氧而导致窒息死亡。潜艇中的一氧化碳主要来源于柴油机废气、武器发射及人体活动的代谢产物;作业环境内使用的各种非金属材料及木材常温老化也是一氧化碳的主要来源,例如各种塑料、橡胶、涂料、黏合剂、腻子及减振阻尼材料等在常温下会分解产生一氧化碳,绝缘材料高温受热分解及作业环境内吸烟也会产生一氧化碳。

(2)二氧化碳。二氧化碳是一种无色、无味的气体,主要来源于潜艇作业人员的机体代谢,潜艇每小时约增加0.24%～0.32%的二氧化碳浓度。其次,作业环境内使用的各类无机、有机材料分解时也会产生二氧化碳,例如用于舰船黏结和密封的阻燃腻子,含环氧树脂的各类油漆、绝缘材料、黏合剂等在常温或高温时因老化而产生二氧化碳。设备运转(如柴油机排气、燃料燃烧)和吸烟也会产生大量二氧化碳。随着二氧化碳浓度的增高,其对人体的毒性作用也会逐步增强,从呼吸频率加快到引起头痛、耳鸣、恶心和血压升高等不适症状,直至呼吸困难、意识不清、感觉丧失,甚至窒息昏迷。

(3)硫化氢。硫化氢是一种无色、有臭鸡蛋气味的气体,主要来源于艇上污水柜、厕所、浴室、变质食物、人体代谢产物,以及动力机械废气、导弹发射所产生的气雾等。硫化氢属于剧毒类化合物,主要经呼吸道进入人体,由血液进入人体细胞后,硫化氢分子与细胞色素氧化酶紧密结合,并因此阻断细胞内呼吸,导致呼吸频率增加。人体接触较低浓度硫化氢可导致黏膜局部炎症和刺激效应,包括对眼和呼吸道深部的刺激。人体接触较高浓度硫化氢时易引起头痛、头昏、食欲减退、恶心、呕吐、腹泻、失眠、运动失调和反射增强等症状。高浓度的硫化氢对人体毒性极大，可导致呼吸麻痹和意识丧失。硫化氢代谢迅速，不是一种蓄积性毒物。

（4）甲硫醇。甲硫醇是一种无色、有难闻臭味的气体，由甲醇和硫化氢作用或由烯烃和硫化氢作用后分离而得。在木材腐败、食物腐烂过程中，由于微生物作用会释放出甲硫醇。潜艇作业环境中甲硫醇主要来自人体代谢产物、腐烂的食物和以甲硫醇作为原料的产品。甲硫醇对人的嗅觉有较强的刺激作用，人体对甲硫醇的嗅觉阈值为 $0.0001\sim0.041\,ppm$①，属于低毒类气体。人体急性吸入低浓度甲硫醇时可出现恶心、呕吐、头痛和轻度蛋白尿。高浓度甲硫醇对人体有麻醉作用，可导致人体呼吸中枢麻醉而死亡。

（5）二氧化硫。二氧化硫是一种无色而有强烈臭味的刺激性气体，潜艇中的二氧化硫主要来源于柴油机废气泄漏、武器发射、含硫橡胶等非金属材料分解以及卫生间废气。二氧化硫主要经呼吸道进入人体，人体首先出现上呼吸道和眼的刺激症状，人体对二氧化硫的嗅觉阈值为 $3\,mg/m^3$，刺激阈值为 $10\,mg/m^3$，人体在 $30\,mg/m^3$ 浓度的二氧化硫环境中只能耐受 1 分钟。

（6）氨气。氨气是一种无色、有强烈刺激性的气体，对人的眼、鼻、喉有刺激作用。潜艇中的氨气主要来源于二氧化碳吸收装置，二氧化碳吸收剂乙醇胺在使用过程中会分解出部分氨气。此外，人体活动的代谢产物也是潜艇作业环境中氨气的主要来源。氨气是一种腐蚀性刺激气体，水溶性极强。人体对氨气的嗅觉阈值约为 $5\,ppm$，感知刺激阈值约为 $30\,ppm$。氨气与人体的眼、口、呼吸道湿润黏膜接触后可迅速发生反应，并在放热反应中形成氢氧化铵。高浓度氨气

---

① $1\,ppm=0.0001\%$（体积比）。

会刺激人体呼吸道和眼,导致呼吸组织损伤、坏死和角膜上皮穿孔。

(7)甲醛。甲醛是一种无色、有刺激性的气体。潜艇中的甲醛主要来源于含有甲醛的非金属材料(如酚醛树脂及其黏合剂、涂料、油漆等)的释放。甲醛一般主要作用于人体的眼及上呼吸道,高浓度甲醛气体对人体中枢神经系统有毒性作用,可刺激人体肺部引起中毒性肺水肿、气管炎和支气管炎。甲醛在人体内可被分解为甲醇,甲醇对视丘和视网膜有选择性损害作用。

(8)二硫化碳。二硫化碳纯品为清澈、无色和带有芳香甜味的液体,而不纯的工业品带有恶臭气味。潜艇中的二硫化碳主要来源于非金属材料的分解释放,包括黏胶纤维生产、橡胶硫化,以及作为溶剂溶解脂肪、清漆、树脂等。二硫化碳属于低毒类气体,人体长期接触较低浓度二硫化碳会导致中枢和周围神经系统损害,以及心血管系统损害。

(9)光气。光气又称为碳酰氯,是一种无色气体,有独特的腐草、枯叶、烂果等臭味。潜艇中因氟利昂泄漏,在通过有害气体燃烧装置时可产生光气。光气是窒息性毒气,主要经人体呼吸道吸入,其直接作用于呼吸道细支气管和肺泡,引起肺毛细管的内皮损伤并破坏其渗透性,导致肺水肿。急性光气中毒还可损害心肌。

(10)丙烯醛。丙烯醛是一种活泼、刺鼻的可燃性气体,其分子为双链结构,可与酶系统中巯基结合,破坏酶的正常生物活性。潜艇中的丙烯醛主要来源于食物的烹饪,特别是炒菜时脂肪在高温时的分解。此外,机器设备运转使用的各种润滑油高温分解也可产生丙烯醛。丙烯醛属于高毒类化合物,对皮肤黏膜有强烈的刺激作用,可直接损伤暴露部位,较高浓度的丙烯醛可诱发明显的眼和上呼吸道刺激症状。丙烯醛可经呼吸道、胃肠道和皮肤被人体吸收,对眼、喉、气管、肺都有很强的刺激作用,人体对丙烯醛的嗅觉阈值为$0.21\,ppm$,$0.0088\,ppm$浓度下即可导致眼的刺激效应,而呼吸道的刺激阈值为 0.63 ppm。

(11) 臭氧。臭氧是一种无色、有特殊气味的气体,潜艇中的臭氧主要来源于高压电器设备的放电和设备运转,如静电除尘器、雷达、通风设备、负离子发生器等。臭氧是一种强氧化剂,对人体所有黏膜组织都有强烈的刺激性,尤其是眼结膜和呼吸道。臭氧可对上呼吸道和下呼吸道产生强烈刺激作用,人体吸入臭氧后可导致肺功能受损和气道反应性增加并伴有气道组织损伤和炎症。臭氧急性暴露可导致人体肺功能、气道口径和呼吸模式的改变,可诱发呼吸系统症状及呼吸道炎症。

(12) 氯化氢。氯化氢是一种有剧烈刺激气味的无色气体,在空气中呈白色烟雾状,极易溶于水形成盐酸。潜艇中使用的制冷剂氟利昂在高温时分解、电解水制氧过程中会产生少量氯化氢,武器发射时产生的废气也含有少量氯化氢,部分含氯非金属材料受热分解也可能产生氯化氢。氯化氢主要作用于人体呼吸道,由于其极易溶于水并与上呼吸道表面成分发生反应,因此氯化氢通常停留在上呼吸道。在相对较低浓度及短时间暴露情况下,氯化氢主要表现为对人体感官和呼吸系统的刺激作用,导致咳嗽、疼痛、炎症、水肿和脱皮。

(13) 砷化氢。砷化氢是一种有大蒜臭味的无色气体,主要来源于潜艇蓄电池舱,蓄电池电极板中的杂质砷在充电时与初生态氢反应生成砷化氢,对人体肝、肾危害大,会引起黄疸和溶血性贫血。砷化氢为剧毒物质,主要经呼吸道被人体吸收,迅速进入血液。砷化氢为溶血性毒物,人体脱离接触后,除了少部分以原形从呼吸道排出体外,绝大部分砷化氢与红细胞中的血红蛋白结合引起溶血,形成的血红蛋白过氧化物随血循环分布全身,人体出现明显溶血、无尿而死亡。砷化氢本身对人体肾及血管的直接损害作用导致肾脏缺血、缺氧,最终引起肾功能障碍,直至急性肾功能不全。

(14) 氟利昂-22。氟利昂-22 又称为一氯二氟甲烷(F-22),在室温下是一种无色气体,有轻微甜味,不易燃,属于低毒类化合物。氟利昂-22常被用作制冷剂、灭火剂和农药喷雾剂,也是制造氟碳树脂和聚四氟乙烯树脂的原料。潜艇中氟利昂-22主要来源于空调、冷库的制冷剂泄漏(管道泄漏或检修时溢出)。此外,一些舱室使用的保温隔热材料在生产过程中采用氟利昂作为发泡剂,这些材料也可能释放氟利昂-22。人体急性吸入较高浓度的氟利昂-22后可导致中枢神经系统效应,包括过度兴奋或抑制以及平衡障碍等。

(15)氟利昂-1301。氟利昂-1301又称为一溴三氟甲烷(F-1301),是一种无味的气体,液化后呈无色透明液体,不易燃烧。氟利昂-1301常被用作灭火剂,其灭火性能优良且低毒、无残留物,人员安全性高,是以往世界上应用最广的卤代烷灭火剂,特别是用于高级仪器设备,如计算机、电子仪器、通信设备和一些较特殊的场所。潜艇中氟利昂-1301主要来源于舱室灭火装置的使用及灭火剂泄漏。研究表明,氟利昂-1301主要作用于人体中枢神经系统及心血管系统,在中枢神经系统和心脏的吸收和清除速率与在血液中类似,无蓄积现象。人在吸入较高浓度氟利昂-1301气体后,可能出现眼、鼻刺激、头晕、头痛、声嘶、咳嗽和心率加快等症状,并有短暂的轻度欣快和操作能力下降,时间延长后可出现酩酊大醉感以及痛觉消失,当浓度继续增加时可使人丧失意识。

(16)总烃。潜艇舱室空气中总烃是指除甲烷以外的所有挥发性碳氢化合物的总量。潜艇中的总烃主要来源于油料、涂料、溶剂的挥发以及烹饪。人体内的不饱和脂肪酸在分解代谢过程中也会产生一些较易挥发的烷烃(如乙烷和戊烷)。经呼吸道吸入的饱和烷烃被人体吸收程度随碳链长度的不同会有所差异,但总体上低于不饱和烷烃。一般而言,直链和碳链长度较大的烷烃容易被人体吸收进入血液。由于其脂溶性,进入血液后烷烃很容易透过生物膜而到达机体的各个部分。进入体内的烷烃以多种形式被代谢,直链饱和烷烃一般经过碳链降解最终也会以二氧化碳形式排出体外,有支链的烷烃的代谢物多从尿液排出。

(17) 苯。苯是最简单的芳烃化合物,在常温下是一种甜味、可燃、有致癌毒性的无色透明液体,带有强烈的芳香气味。潜艇舱室中苯主要来源于舱室内使用的黏合剂、塑料、橡胶等非金属材料的高温分解和油漆涂料中的有机溶剂挥发以及柴油机废气等。苯属于高毒类化合物,急性毒性主要作用于中枢神经系统,慢性毒性主要作用于造血系统及神经系统。苯主要以蒸气形态经呼吸道进入人体内,消化道吸收很完全。苯易诱发白血病,暴露剂量越大,时间越长,发病率越高。人体接触浓度大于 25 ppm 的苯的发病率,是接触浓度低于 25 ppm 的苯的 2~7 倍。苯浓度低于 10 ppm 时,诱发白血病较为罕见。

(18) 甲苯。甲苯是一种无色、带有特殊芳香气味的易挥发液体,甲苯蒸汽与空气形成的混合物在较低的体积浓度范围内即可发生爆炸。潜艇中甲苯的主要来源是舱室内使用的油漆、涂料中的溶剂挥发和黏合剂、橡胶等非金属材料释放。甲苯属于低毒类化合物,易经呼吸道和胃肠道被人体吸收,其嗅阈值为 2.9 ppm。甲苯是一种中枢神经系统抑制剂,在很高浓度时可刺激眼睛。意外暴露或故意吸入甲苯可导致人体肾中毒、心律失常、血恶液质、肝肿大等。较高浓度的甲苯蒸汽可使人产生欣快感,浓度继续升高时,在极少出现刺激症状的情况下,可使人麻痹、知觉丧失或昏迷。一般认为,人体长期吸入甲苯可引起一般不适症状与轻度中枢神经系统症状,不会引起与苯慢性中毒有关的严重造血损害。

(19) 二甲苯。二甲苯是一种无色、可燃、有甜味的液体,有邻位、间位及对位三种异构体,其理化特性均相近。潜艇中二甲苯的主要来源是舱室内广泛使用的油漆、涂料、黏合剂、塑料和橡胶等非金属材料的分解和释放。二甲苯属于低毒类化合物,嗅阈值约为 0.18 ppm。二甲苯的三种异构体中间位二甲苯毒性最小,对位二甲苯毒性最大。二甲苯对人体的刺激性比甲苯大，可经呼吸道、皮肤和消化道被人体吸收。进入人体的二甲苯在血液循环中主要吸附于红细胞膜及血浆脂蛋白，后蓄积于含脂类较多的组织。人体吸入低浓度二甲苯可引起呼吸道刺激和胃肠功能紊乱，吸入高浓度二甲苯会使人麻醉。

（20）甲醇。甲醇在常温下是一种无色、可燃性液体。潜艇中的甲醇主要来源是食物和非金属材料的释放。甲醇在常温下是一种无色、易燃、易挥发的液体，略有酒精气味。甲醇属于中等毒性，嗅阈值为 106 ppm，可经呼吸道、胃肠道和皮肤被人体吸收。甲醇主要作用于中枢神经系统，有明显的麻醉作用，对视神经和视网膜有特殊的选择作用。甲醇麻醉作用虽比乙醇弱，但因代谢缓慢，因此在人体内蓄积所致的毒性作用远大于乙醇。

（21）丙酮。丙酮在常温下是一种无色、透明、易流动的液体，有芳香气味，易挥发。潜艇中丙酮的主要来源是润滑油、油脂等受热分解，涂料和油漆使用的溶剂也可散发出丙酮。丙酮作为有机化学合成的原料和中间物，在炸药、塑料、橡胶、油漆、涂料、染料等工业生产中的主要作用是溶剂。丙酮属于低毒类物质，嗅阈值约为 0.5 ppm，人体对其具有较强适应性。丙酮可经呼吸道、消化道和皮肤被人体吸收，经肺及胃肠道吸收较快且完全，其毒性主要表现在对中枢神经系统的麻醉作用，其蒸汽对黏膜具有刺激作用。

（22）可吸入颗粒物（PM_{10}）。可吸入颗粒物是指空气动力学当量粒径小于或等于 10 微米的颗粒物，又称为 PM_{10}。潜艇中的可吸入颗粒物主要来源于烹调油烟、个人用品使用、高压压缩机排出的油雾及蒸汽冷凝、废物桶中形成的泡沫和气泡破裂、润滑油的挥发、机械运转时金属研磨产生的粉尘以及核反应堆运转等。可吸入颗粒物是舱室内大气主要的污染组分之一，其对艇员健康的危害主要与粒径和化学成分相关。研究表明，40%～70%的有机污染物是以气溶胶为载体,吸附存在于空气中,水溶性离子和金属粒子也以固态或吸附态为主要存在形式。这些对人体具有潜在危害的有毒物质,随气溶胶进入人体,导致人体呼吸系统、心脑血管疾病发病率的增加。

如果没有相应的控制措施,随着封闭时间的增加,污染物会不断累积且浓度不断增大,潜艇舱室环境质量会持续下降并逐步恶化,致使舱室环境不再适合人员居住。例如,某些有害气体组分浓度超标将对艇员的身心健康造成损伤,某些易燃易爆的有害气体在一定条件下会引起火灾和爆炸,严重威胁潜艇航行安全。因此,加强控制潜艇舱室环境质量,维持舱室良好的大气环境,对确保潜艇安全和艇员持续战斗力具有十分重要的意义。

二、潜艇舱室大气污染物

潜艇舱室是一个全封闭的特殊环境,密闭环境中的空气污染具有长期性、累积性和多样性等一般大气环境不具有的特征。潜艇由于其自身的构造特点,舱室内人员、设备相对密集,其动力系统、厨房、厕所、设备和艇员的生活工作空间相互交错,加上各舱室内部通风不畅,高温、高湿的环境使得空气中除有害气体外,还有多种气溶胶、细菌和致病菌等微生物以及放射性物质,这些物质混合在一起影响舱室空气质量,使舱室内的大气环境呈现出高度混合性、成分复杂性和局部区域富集性的特点。这些物质与潜艇的振动噪声等因素共同作用,加剧影响了艇员在艇上工作和生活的舒适性。

潜艇舱室大气组分中脂肪烃约占 50%,芳香烃约占 25%,卤代烃约占 5%,含氧化合物约占 10%,无机物约占 5%,其他含硫、氮化合物约占 5%。潜艇舱室中有害气体主要有四种来源,包括人体新陈代谢、烹饪、艇用非金属材料和各种设备。表 1-1 列出了潜艇舱室大气中有害气体的主要来源及种类。

表 1-1　潜艇舱室大气中有害气体的主要来源及种类

序号	污染物来源			主要污染物种类
1	人体新陈代谢			一氧化碳、二氧化碳、氨气、硫化氢、氢气、胺、醇、醛、酮、有机酸、酯、芳香烃、吲哚
2	烹饪			丙烯醛、油雾、一氧化碳、醛、酮、酸
3	非金属材料	合成材料	橡胶、塑料、纤维、涂料、黏合剂、腻子等	脂肪烃、芳香烃、卤代烃、含氧物、含氮物、含硫物、醇、醛、酮、有机酸、酯
		油料	汽油、煤油、柴油、润滑油、液压油等	一氧化碳、二氧化碳、脂肪烃、芳香烃、醇、醛、酮、有机酸、胺、气溶胶
		天然产物	木制品、谷物、蔬菜、水果等	二氧化碳、萜烯
		艇上用品	卫生用品	乙醇、萘
			擦铜油	一氧化碳、二氧化碳、脂肪烃、芳香烃
			漂白粉	氯气
4	各种设备	蓄电池		氢气、硫酸雾、砷化氢、锑化氢
		灭火装置		氟利昂-1301
		空调制冷设备		氟利昂-22
		二氧化碳吸收装置		乙醇胺、氨气、气溶胶
		制氧装置		碱性电解液、气溶胶
		有害气体燃烧装置		氯化氢、氟化氢、氯气、光气等
		电子电器设备		氮氧化物、臭氧
		燃气机		一氧化碳、二氧化碳、脂肪烃、芳香烃
		武器装备		肼、偏二甲肼、一氧化碳、氮氧化物

　　潜艇舱室大气中除有害气体外,还有多种气溶胶、有害微生物及放射性物质,这些物质也都会影响潜艇舱室的空气质量,表 1-2 简要列出了潜艇舱室大气中其他污染物的来源及特性。

综合考虑潜艇中有害气体对人体生理作用的毒性大小、浓度高低,以及易燃、易爆等因素,建议潜艇中应优先监测和控制的气体组分顺序如表1-3所示。

表1-2　潜艇舱室大气中其他污染物的来源及特性

序号	污染物	来源	特性
1	气溶胶	烹饪、舱室废弃物、润滑油、油漆脱落及个人物品、核裂变产物等	40%～70%的有机污染物是以气溶胶为载体,吸附存在于空气中,水溶性离子和金属粒子也以固态或吸附态为主要存在形式
2	有害微生物	食物腐烂、病员呼吸及人体排泄物等	有害微生物一般包括病毒、立克次氏体、细菌及原生虫
3	放射性物质	反应堆释放出的气态或可挥发性物质,夜光仪表也是放射性物质来源之一	当其扩散至舱室时,空气中的稳定同位素在放射线作用下会被活化

表1-3　潜艇中优先监测和控制的气体组分

序号	组分名称	分子式	主要依据
1	氧气	O_2	维持生命所必需的
2	二氧化碳	CO_2	人体新陈代谢产物,产生量大
3	氢气	H_2	易燃、易爆气体,产生量较大
4	一氧化碳	CO	来源广,浓度高,可致人急性中毒
5	臭氧	O_3	毒性大,刺激性强
6	氯气	Cl_2	感官刺激性强,毒性大
7	硫化氢	H_2S	刺激性大,高浓度造成嗅觉麻痹
8	氯化氢	HCl	刺激性大,主要作用于呼吸道
9	氟利昂-11	$CFCl_3$	泄漏机会多,热解产物毒性大

（续表）

序号	组分名称	分子式	主要依据
10	硫酸蒸气	H_2SO_4	易形成气溶胶，有刺激性、腐蚀性
11	汽油	C_xH_y	检出率100％，来源广泛
12	苯	C_6H_6	溶剂挥发，毒性大，有时超标
13	甲苯	$C_6H_5CH_3$	溶剂挥发，毒性中等，有时超标
14	二甲苯	$C_6H_4(CH_3)_2$	溶剂挥发，毒性中等，有时超标
15	乙苯	$C_6H_5C_2H_5$	毒性中等，有时超标
16	氟利昂-12	CF_2Cl_2	检出概率高，热解物毒性大
17	乙醇胺	$NH_2CH_2CH_2OH$	CO_2吸收剂泄漏
18	氟化氢	HF	刺激性大，有腐蚀性
19	丙烯醛	CH_2CHCHO	刺激性大，毒性高
20	砷化氢	AsH_3	高度危害，不经常存在
21	四氯化碳	CCl_4	动物致癌物，有时超标
22	二氧化硫	SO_2	感官刺激性大，有时超标
23	氨气	NH_3	感官刺激性强，时有超标
24	光气	$COCl_2$	强刺激，高毒性
25	二氧化氮	NO_2	有刺激性，中度危害，有时存在
26	甲醛	$HCHO$	刺激性强，高度危害
27	甲烷	CH_4	具有易燃、易爆性
28	锑化氢	SbH_3	高度危害，不经常存在
29	汞	Hg	极度危害，浓度和检出率低
30	肼	NH_2NH_2	高度危害，浓度和检出率低

（续表）

序号	组分名称	分子式	主要依据
31	1,2-二氯甲烷	$C_2H_4Cl_2$	高度危害,偶有超标
32	三氯甲烷	$CHCl_3$	中度危害,偶有超标
33	二氯甲烷	CH_2Cl_2	低度危害,偶有超标

第二节　潜艇非金属材料

一、潜艇非金属材料概述

潜艇设计建造过程中需要用到大量的非金属材料,其分解释放的有害气体是舱室环境污染物的主要来源,从源头上控制艇用非金属材料的毒性,是潜艇大气质量外部控制的主要措施之一。通过对非金属材料释放气体的分析检测,掌握材料的用量和毒性分级,对提升潜艇大气环境质量具有十分重要的作用。

二、艇用材料使用原则

我国舰船通用规范要求潜艇所选用材料不得造成舱室空气污染,对空气净化与分析系统的材料要求"管道、阀门、附件一般均应采用不锈钢材料制成",系统用吸收剂、吸附剂、催化剂、密封件、减振器、装饰材料等非金属材料均应无毒、无味、不产生二次污染。

潜艇舱室使用的非金属材料(如装饰材料、保温材料、涂料、绝缘材料、油料、燃料等)应符合潜艇的环境条件要求,低毒、无异味、不造成或很少造成舱室空气污染或二次污染。

三、艇用材料危害综合评价

艇用材料危害综合评价需要对物质产生多种污染因子所引起的危害进行综合评价和归纳,对受关注物质的有害作用、目标群体和接触条件进行危害鉴别。综合考虑材料用量、作用群体、环境条件、接触方式等多项因素,给出评价结果或意见。

当我们说某种材料(物质)产生危害时,表示某种环境物质可能会损害健康。材料(物质)的危害类别包括物理性危害、生物性危害和环境性危害,具体如下。

(1)物理性危害。爆炸,氧化,极度易燃,高度易燃,易燃。易燃、易爆类材料发生大量泄漏和挥发,大量有害气体聚集无法清除;引起火灾和爆炸;大气环境控制设备使用的化学药剂发生泄漏,分解产生大量有害气体;艇内外局部发生爆炸引起的破坏及进水,蓄电池遇水产生大量氢气;油料泄漏和其他设备系统泄漏释放大量烃类物质,气体遇热存在燃爆风险,对艇员生命安全造成威胁。应立即启动空气净化系统清除有害气体污染物,抢修故障设备,查漏堵漏,清理泄漏的油料、燃料、污水等污染物并进行封闭处置,同时加强舱室环境监测。

(2)生物性危害。剧毒,有毒,有害,腐蚀,刺激,致癌,致变,致畸。喷洒消毒剂、熔焊、铜焊、燃烧金属、油漆涂刷等作业会使用有机溶剂、助剂、清洗剂、去污剂等化学品。这些材料会释放大量有机污染物如烷烃、烯烃、芳香烃、卤代烃、含硫有机物、含氧有机物、气溶胶等,这些有机污染物会危害人的呼吸系统、免疫系统和神经系统。潜艇出航任务期间,艇员携带上艇的用品包括化妆品、医用药品、食品、个人清洁卫生用品等,化妆品、香水、发乳、发胶释放芳香烃和含氧物等多种污染物,产生气溶胶;樟脑丸含有大量萘等多环芳烃致癌物,部分含有刺激性气味;艇上储存时必须密封包装,使用时不要洒落,使用后应重新妥善封存。

（3）环境性危害。灭火剂、制氧剂、二氧化碳吸收剂、防霉剂、杀虫剂、清洗剂等存在一定酸碱性质,释放产生有害物质可能会腐蚀内饰材料和船体,易对舱室环境产生二次危害。艇用化学试剂和各种废弃物是造成舱室空气环境二次危害的主要来源之一。潜艇上使用的化学试剂需要严格控制,及时清理抹布、毛刷、残液等废弃垃圾,必要时密封保存处理,加以严格控制和管理。

四、艇用材料分级

结合潜艇实际情况,考虑艇员在潜艇密闭环境中的接触条件,以及材料产生污染物所引起的累积影响、长期效应和综合效应,可采取措施限制使用材料的类别及用量,加强污染源的源头管控,实行全过程控制和污染物总量控制。对艇用材料可以划分为可用、限制使用和禁用。

（1）可用。是指材料不产生（或极少产生）有害物质,可按需要量使用。

（2）限制使用。是指材料释放（或含有大量）有害物质,因没有可替代材料而不得不用的材料。它可以用于某项特殊的项目或在特定情况下使用,但潜艇上这类材料的使用量需要严格限制,不得超过实际需用量。

（3）禁用。是指材料释放（或含有）大量有害物质,在潜艇上不允许使用（极个别情况例外,除非特别说明）。

五、艇用非金属材料分类

潜艇非金属材料种类繁杂,数量众多,用途各异。橡胶、塑料、涂料等数百种材料是潜艇常见的非金属材料。随着科学技术和造船工业的发展,潜艇上应用的非金属材料的种类及数量日益增多,根据材料的理化性质和用途可以做如表1-4所示的分类。

表1-4　潜艇非金属材料类别及用途

序号	类别	用途
1	油漆、涂料	喷涂于艇体及设备表面用以防腐
2	黏合剂	黏结各种材料和结构件
3	橡胶制品	用于管材、电线及电缆防护套
4	塑料制品	用于管材、电线及电缆防护套,大量作为艇内舾装件材料
5	纤维制品	用作绳索、衬垫、护套、被褥、服装等
6	木材及木制品	用于艇内木构件及家具制作
7	隔热绝缘材料	用作艇体、内壁、隔壁等及管道部件、机械设备、法兰和闸阀等部位的隔热及绝缘
8	石油制品	潜艇动力燃料及各类润滑剂、密封润滑剂和液压剂等
9	阻尼材料	用于艇内设备的减振、隔振、降噪和密封等
10	清洁剂	艇内设备清洁保养的化学去污剂和除锈剂
11	密封填料	用于阀件、管线及缝隙间的填充和密封
12	甲板敷料	用于甲板的保护和装饰材料
13	杀虫剂	用于舱室内杀虫、灭菌和消毒
14	制冷剂	空调和制冷系统使用的制冷媒介
15	灭火剂	用于灭火设备
16	个人用品	个人清洁和化妆用品,衣物防霉、防蛀

第三节　潜艇大气环境质量控制

一、潜艇大气环境质量影响因素

潜艇大气环境质量直接关系到艇员身心健康和潜艇作业效能。影响潜艇大气质量的不仅有外部因素，也有内部因素（见图1-1）。

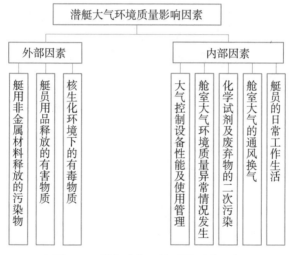

图1-1　潜艇大气环境质量影响因素

潜艇大气环境的质量控制不同于单一设备或产品的质量控制，采用单一的控制方法，往往难以达到空气质量控制要求。应综合运用多种控制方法，如潜艇大气控制系统内部控制（供氧、净化和分析）和外部控制（污染源控制）防治相结合的全过程控制方法，内部控制以消除污染物为主，外部控制以控制污染源为主，两者相辅相成，达到控制舱室污染的目的(见图1-2)。

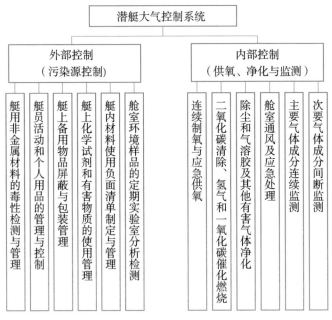

图1-2 潜艇大气控制系统

二、潜艇大气环境质量控制方法

潜艇大气环境质量控制的核心是潜艇空气质量控制。通过规范艇上人员活动、加强艇员用品管理、加强艇用化学试剂和废弃物的控制管理、制定紧急情况的应急处置措施等可有效控制潜艇大气环境质量。

1. 规范艇上人员活动

对于可能对舱室空气造成污染的人员活动或作业应加以限制。例如,喷洒消毒剂、熔焊、铜焊、燃烧金属、油漆涂刷等作业,除非有必要,否则应禁止(见表1-5)。其中,潜艇出于日常装备维护保养工作需要,经常性使用涂料对艇体或装备锈蚀部位进行涂刷修补。在涂刷作业中会大量使用有机溶剂、助剂、清洗剂、去污剂等化学品,在作业过程中会释放大量有机污染物(如烷烃、烯烃、芳香烃、卤代烃、含硫有机物、含氧有机物、气溶胶等)。舱室内空间有限且为较封闭环境,这些污染物就成了舱室空气环境的主要污染源,大大增加了舱室大气环境的污染,也无形中增加了艇内、舱室空气净化的压力。

表 1-5　潜艇大气环境质量控制方法

序号	控制措施	控 制 原 因
1	禁止艇内吸烟	吸烟产生的气溶胶占总释放量的 40%~50%,香烟燃烧会产生一氧化碳等数百种有害物质,这些物质扩散至舱室内会引起空气质量下降,危害极大,应该严格禁止
2	改进烹饪方法	烹饪过程中会释放产生大量蒸汽和气溶胶,不同食品制作和通常油煎条件下均会挥发出多种化学物质。烹饪时应控制油温低于 210℃ 为宜,尽可能使用精制油,减少油中杂质的挥发,避免食用油高温分解
3	艇员个人卫生	出海期间应注意个人卫生,定期洗澡、洗脚,保持身体清洁,减少体味散发
4	控制危险作业	潜艇出航特别是潜航期间,应禁止进行金属焊接和油漆涂刷作业。即使在潜艇码头系泊期间,也应在出航 3~5 天前进行上述作业,在作业后保持每天通风,以降低因焊接和油漆溶剂挥发造成的舱室空气污染
5	设备维护保养	在对艇内设备进行维护保养时,应尽量不用或少用含有挥发性物质的溶剂和清洁剂,在必须使用时,应当在舱室内外空气交换的状态下进行

2. 加强艇员用品管理

潜艇出航期间,艇员携带上艇的用品包括化妆品、医用药品、食品、个人清洁卫生用品和办公用品等(见表 1-6),必须严格控制会释放有害污染物的用品上艇。

表1-6　艇员携带上艇的用品

序号	类别	用品名称	危害
1	化妆品	香水、发乳、发胶	释放芳香烃、含氧物等多种污染物,产生气溶胶
2	医用药品	外用药膏、药霜、酊剂、喷涂雾剂	释放烯烃、芳香烃、含氧物等多种污染物及气溶胶
3	个人清洁卫生用品	香型洗面奶、剃须膏、空气清新剂、除臭剂、樟脑丸	含有大量挥发性有机物,产生气溶胶,部分含有刺激性气味
4	办公用品	涂改液、墨汁、油性记号笔、塑料材质文具	释放烷烃、烯烃、芳香烃、卤代烃、含硫物、含氧物、气溶胶等大量污染物
5	其他	香烟、打火机、含磷洗涤剂、防霉剂、清洗剂	含有易燃、易爆的化学物质,释放产生大量有害物质,易对环境产生二次污染

3. 加强艇用化学试剂和废弃物的控制管理

潜艇上使用的化学试剂主要有制冷剂、灭火剂和二氧化碳吸收剂等,艇用化学试剂和各种废弃物是造成舱室空气环境二次污染的主要来源之一。由于这些化学试剂中含有对人体健康有害的物质,因此必须加以严格控制和管理(见表1-7)。

表1-7　化学试剂和废弃物的控制管理

序号	化学试剂	来源	控制原因	控制措施
1	氟利昂-11、氟利昂-12、氟利昂-22、氟利昂-114	空调和冷库等制冷设备	诱发心律不齐,抑制呼吸功能,热解产生的光气、氮化氢、氟化氢会对心血管系统和神经系统产生危害	给设备加注试剂时避免泄漏和抛洒,加强环境监测,及时清除泄漏在舱内的化学试剂;改进设备性能,使用无氟制冷剂替代

（续表）

序号	化学试剂	来源	控制原因	控制措施
2	四氯化碳、氯溴甲烷、干碳酸钠、氟利昂-1301	灭火设备	易分解产生光气、溴化氢、氯化氢、溴化碳酰等刺激性有害气体	加强灭火设备检查和环境监测，避免试剂泄漏和抛洒，及时清除泄漏在舱内的化学试剂；用无毒灭火剂替代
3	乙醇胺、氢氧化锂	二氧化碳吸收剂	引起呼吸道、鼻黏膜、皮肤等感官刺激	增强药剂使用过程中的稳定性，开发新型二氧化碳吸收剂
4	粪臭素、甲硫醇、硫化氢和吲哚	生活产生的废水、废油、餐厨垃圾等	释放的臭味气体引起人体不适的感官刺激	加强废弃物日常管理，及时收集清理废水、废油、剩饭菜等垃圾，装入容器内密封保存并及时清除出舱。
5	脂肪烃、芳香烃、卤代烃、含氧有机物	油漆涂料、油料燃料、黏合剂、清洁试剂、杀虫灭菌剂	使用过程中会产生大量易挥发的有机污染气体，危害人的呼吸系统和神经系统	艇上储存时必须密封包装，使用时不要洒落，使用后应重新妥善封好，及时清理抹布、毛刷、残液等废弃垃圾，并做密封保存处理

4. 制定紧急情况的应急处置措施

潜艇在运行期间，可能出现各种紧急情况，导致舱室空气质量急剧降低，对潜艇安全和艇员生存造成严重威胁。

紧急情况的原因大致可分为以下几种。

① 易燃易爆类物质发生大量泄漏和挥发，引起火灾和爆炸。

② 艇内大气控制设备发生故障，造成氧气浓度降低，二氧化碳

浓度升高,大量有害气体聚集无法清除。

③ 大气环境控制设备使用的化学药剂发生泄漏,分解产生大量有害气体。

④ 艇内外局部发生爆炸引起的破坏及进水,蓄电池遇水产生大量氢气。

⑤ 人员指挥操作失误,引起舱室空气质量恶化。

针对可能发生的紧急情况,应以预防为主,安全第一,应急突变,及时处置,维持生命,减小损失,避免事态扩大。潜艇在设计建造时对紧急情况的处置有充分考虑,制定有应急措施培训教材,结合日常任务训练,使艇员在现场能够迅速反应,正确处理故障,即使情况严重也可密切配合,争取化险为夷。如果指挥操纵不当或违规操作,就有可能危及潜艇安全和艇员生命。表1-8列出了通常情况下导致潜艇舱室空气污染及危害的紧急情况与应急处置措施。

表1-8　紧急情况与应急处置措施

序号	紧急情况	污染及危害	应急措施
1	电气设备或潜艇结构着火	产生大量一氧化碳、二氧化碳、二氧化氮、氟化氢、氯化氢、氰化氢等窒息性和有毒有害气体,伴有浓烟,对潜艇和艇员生命安全构成严重威胁	(1) 切断火源处电源,关闭火源舱室舱门隔绝火源; (2) 使用消防器材或启动消防系统灭火; (3) 艇员迅速佩戴隔绝式生氧呼吸面具,预防人员中毒; (4) 必要时启动海水喷管洗涤器,快速清除空气中的微细颗粒物和水溶性物质(氯化氢、氟化氢、氰化氢、丙烯醛及其他醛类和酸类); (5) 情况允许时进行外部通风; (6) 灭火后及时监测舱室空气中氧、一氧化碳、二氧化碳浓度,判断是否适合艇员居住

（续表）

序号	紧急情况	污染及危害	应急措施
2	爆炸引起的破坏	造成艇内局部结构破坏,对潜艇安全构成威胁;部分设备停电、停运,产生大量有害气体污染舱室空气环境,爆炸冲击危害艇员生命	(1) 启动应急供电系统、开启空气净化、再生设备; (2) 抢修受损设备; (3) 及时监测分析舱室空气; (4) 情况允许时进行外部通风
3	生命维持系统设备故障、吸收剂泄漏	会造成氧气浓度急剧下降,二氧化碳浓度升高,艇员呼吸困;部分设备使用的吸收剂会产生刺激性气体和气溶胶	(1) 立即抢修故障设备并恢复运行; (2) 启动应急供氧设备和二氧化碳吸收装置; (3) 查漏,堵漏; (4) 加强氧气和二氧化碳浓度的监测
4	大气控制设备故障、泄漏和其他设备系统油料、燃料泄漏	制冷剂、灭火剂等泄漏,气体遇热分解会产生氨气、光气、氟化氢等刺激性有毒有害气体,泄漏的油料、燃料存在燃爆风险,对艇员生命安全造成威胁	(1) 立即启动空气净化系统清除有害气体污染物; (2) 抢修故障设备,查漏堵漏; (3) 清理泄漏的油料、燃料、污水等污染物并进行封闭处置; (4) 加强舱室环境监测; (5) 情况允许时进行外部通风
5	舱室进水	设备停运,若蓄电池舱进水会产生大量氢气,对潜艇安全造成严重威胁	(1) 启动消氢装置; (2) 氢气浓度超 3% 应停止舱室内有害气体燃烧装置; (3) 进行全艇内部空气搅拌或外部通风换气; (4) 及时堵漏,关闭隔水舱门; (5) 加强对氢气浓度的监测
6	指挥操作失误、舱室负压	舱室内一氧化碳、二氧化碳浓度会急剧升高,氧气浓度快速下降,通风系统操作不当会造成舱室大气负压,危及艇员生命	(1) 艇员迅速佩戴隔绝式生氧呼吸面具,预防人员中毒; (2) 启动应急供氧设备、二氧化碳吸收装置和空气净化系统; (3) 环境监测分析,确认故障; (4) 调控阀门保证进排风量相等,尽快平衡压差; (5) 情况允许时进行通风或上浮

第四节 潜艇电离辐射

一、潜艇辐射源

核动力装置是核潜艇的动力来源,也是核潜艇辐射源。核动力装置由反应堆、主机、辅机以及相关管路等组成。其中反应堆是核心,其将核燃料裂变能转换为热能,形成蒸汽后推动汽轮机,为核潜艇运行提供动力,同时在核燃料裂变过程中一部分能量以辐射形式释放,成为核潜艇辐射的主要来源。

目前反应堆类型很多,主要有水冷堆、气冷堆和快中子增殖堆等,其中水冷堆主要有压水堆、重水堆、沸水堆等。压水堆经过多年的发展以及商业应用、军事应用,最为成熟,具有安全性强、可靠性好、体积小、重量轻等优点,能够适应潜艇环境下使用,因而目前世界各国的潜艇核动力装置多采用压水堆。压水堆主要由一回路和二回路组成,其中一回路包括堆芯、稳压器、蒸汽发生器、主泵及管道系统等,其功能将核燃料裂变释放的能量转换为冷却剂的热能;二回路包括汽轮机、冷凝器、给水泵及管路系统等,其功能是将热能转换为机械能和电能,为核潜艇运行提供动力。

核潜艇辐射主要来源于一回路,包括堆芯、冷却剂、堆内构件和堆容器等。通常把从反应堆堆芯放出的辐射称为一次辐射,一次辐射在堆芯外与冷却剂、反射层、屏蔽材料等的原子核发生相互作用后生成的辐射称为二次辐射。裂变快中子、裂变 γ 射线和俘获 γ 射线是最重要的一次辐射。

（一）堆芯辐射源

压水堆堆芯中的核燃料主要是^{235}U，^{235}U 裂变时一个原子分裂为两个碎片，这些碎片实际是中等质量核，伴随放出平均 2.5 个中子以及 207 MeV 能量。产生的裂变碎片共有 80 余种，其中一半以上是放射性核素，造成的辐射种类多、数量大。

1. 裂变中子

（1）瞬发中子：瞬发中子是指在核裂变后极短时间（大约 10^{-17} s）内放出的中子，占裂变过程放出总中子数的 99% 以上。瞬发中子的能量范围（约为 18 MeV）为热中子，平均能量一般为 1.5～2 MeV。每次裂变放出的中子中有一个用于维持堆芯内的链式反应，其他一部分被堆芯内结构材料和慢化剂等吸收，另一部分则泄漏出堆芯，是主要的辐射源项。

（2）缓发中子：缓发中子也是由裂变产物发射的，主要有^{87}Br 和^{137}I 等，是在瞬发中子停止发射后继续发出的中子，时间可一直持续数分钟。相比于瞬发中子，缓发中子的能量低，不超过 0.7 MeV，且半衰期短，为 0.23～55.72 s。缓发中子约占裂变中子总数的 0.7%。

2. 裂变 γ 射线

（1）瞬发 γ 射线：在裂变过程中瞬时放出的 γ 射线称为瞬发 γ 射线，总能量约为 8 MeV。除低能 γ 射线外，能量主要分布于 2～3 MeV。瞬发 γ 射线是堆芯中的主要辐射源项。

（2）缓发 γ 射线：缓发 γ 射线是指裂变产物放出的 γ 射线。铀裂变后生成的裂变产物都是不稳定的，需要进行衰变后才能形成稳定核，在衰变过程中伴随放出 γ 射线。缓发 γ 射线的总能量大约为 7 MeV，其中主要是能量为 1 MeV 的 γ 射线，具体能量分布随时间的变化而变化。

（3）堆芯内的俘获 γ 射线：堆芯内材料的原子核在吸收中子发生俘获反应时都会放出 γ 射线，当中子处于共振能区或热能区时，俘获反应的概率较大。俘获 γ 射线的谱与俘获中子的元素有关。

（4）快中子非弹性散射放出的 γ 射线：中子发生非弹性散射后处于激发态的原子核也放出 γ 射线，这种 γ 射线能谱比较复杂，既和发生非弹性散射的原子核种类有关，又与入射中子的能量有关。此外，必须求出能量高于非弹性散射阈的中子注量率值。

（二）主回路辐射源

1. 一回路设备辐射源

一回路系统中的设备均带有放射性，如反应堆本体、离子交换器、蒸汽发生器、稳压器、主管道、主泵等，主要是结构材料被活化造成的。由于一回路设备材料通常为不锈钢，因此所形成的活化产物主要是 ^{56}Mn、^{58}Co、^{60}Co、^{59}Fe 等。

2. 冷却剂辐射源

冷却剂辐射源可分为两个部分：一是活化产物，包括冷却剂的活化、冷却剂内原有杂质的活化以及设备表面腐蚀产物的活化等；二是裂变产物，包括由于燃料元件包壳破损而泄漏出的裂变产物和从被铀污染的燃料元件表面上脱落下来的裂变产物。

对于压水堆，主要是水的活化，活化产物主要有 ^{16}N、^{17}N、^{19}O、^{3}H 等。其中 $^{16}O(n, p)^{16}N$ 反应生成的 ^{16}N 发射 6.13 MeV 和 7.10 MeV 两种 γ 射线，数量大、能量高，是重要的辐射来源。$^{17}O(n, p)^{17}N$ 反应生成的 ^{17}N 在几秒内衰变到激发态的 ^{17}O，然后放出 1 个中子。此外，还有 ^{24}Na、^{51}Cr、^{54}Mn、^{56}Mn、^{58}Co、^{58}Fe、^{60}Co 等腐蚀产物。

反应堆运行时，裂变产物在高温下可能从燃料芯块中扩散出来，通过燃料元件包壳的微小缺陷进入冷却剂中，这是冷却剂中裂变产物的主要来源。当燃料元件包壳严重损坏时，燃料元件与冷却剂发生接触,一回路中将会出现较多 Mo、Sr、Ba、La、Zr、Nb、U 等的同位素。同时,反应堆中的氚大部分滞留在燃料元件内,而小部分可从燃料元件包壳渗透进入一回路冷却剂中。

(三) 艇载武器辐射源

核潜艇常常载带有核武器,包括核鱼雷、核巡航导弹和战略核导弹等,所使用的材料基本上是 ^{235}U、^{239}Pu、^{3}H 等。

^{235}U 经过 α 衰变产生 ^{231}Th 子体,而 ^{231}Th 的半衰期为 25.5 h,衰变比较快,^{231}Th 发出 β、γ 射线,β 和 γ 射线能量都很低,所产生的轫致辐射可忽略不计。^{235}U 进行 α 衰变时伴随有 γ 辐射,主要 γ 射线有两种,即 185.7 keV(57.2%)和 143.8 keV(10.96%)。

^{239}Pu 是一种高能 α 辐射源,比活度为 2.27×10^9 Bq/g,半衰期为 2.411×10^4 年,伴随 α 衰变时主要产生低能 γ 射线(51.6 keV, 0.027%)。

^{3}H 的半衰期为 12.35 年,发射 β 射线,能量很低,平均能量仅为 5.68 keV,最大能量为 18.6 keV。其在空气中的平均射程为 5.4 mm,最大射程为 6 mm。

(四) 反应堆停堆后辐射源

反应堆停堆后,由于链式反应停止,基本没有中子辐射,主要辐射来源是裂变产物和活化产物衰变时放出的 γ 射线。停堆后裂变产物的衰变 γ 射线强度与停堆前反应堆运行的功率和时间有关,也和停堆后的时间有关。活化产物 ^{16}N、^{17}N 的半衰期只有 7.1 s 和 4.1 s,停堆后会迅速衰变,因此反应堆停堆后活化产物主要是来自杂质和结构材料的贡献。

(五) 反应堆事故时的辐射源

反应堆发生核事故时,裂变产物可能因为多种原因释放出来,部分裂变产物可能进入冷却剂,甚至释放到反应堆外。反应堆事故时的辐射源主要是裂变产物,从释放角度考虑可将裂变产物分为以下几组:

(1) 惰性气体,主要是 Kr、Xe。

(2) 卤素,其中^{131}I影响最大。

(3) 碲,具有挥发性,主要是^{132}Te。

(4) 碱金属(Rb、Cs),具有挥发性,主要是^{134}Cs、^{137}Cs,其中 Cs 危害较大。

(5) 碱土金属(Sr、Ba),不易挥发。

(6) 惰性金属(Ru、Rh、Pd、Mo、Te),不易挥发,但其氧化物有一定挥发性。

(7) 稀土族及锕系元素,不易挥发。

二、电离辐射危害

(一) 电离辐射生物效应发生机理

电离辐射将能量传递给有机体引起的任何改变,统称为电离辐射生物效应,这也是辐射损伤产生的生物学、医学基础。人类因受到各种辐射源的照射而产生的机体损伤(即辐射损伤)是一种严重的病理性辐射生物效应。

电离辐射作用于机体,从照射之时起到可见生物效应的发生,生物组织经历能量吸收,分子的电离和激发,自由基生成,分子的改变,生化、生理及代谢的改变,组织细胞的改变,系统功能的改变等一系列过程。整个过程可分为物理、化学和生物学改变三个阶段。物理和化学阶段持续时间较短,但对辐射防护来说却是非常重要的。

电离辐射作用于人体,与机体细胞、组织、体液等物质相互作用,经过最早期的原初反应后,引起物质的原子或分子电离,导致生物分子损伤,可以直接破坏机体内某些大分子结构,如使蛋白分子链断裂、核糖核酸或脱氧核糖核酸的断裂、破坏一些对物质代谢有重要意义的酶等,进而表现为细胞损伤。另外辐射也可以通过电离机体内广泛存在的水分子,形成一些自由基,通过这些自由基的间接作用来损伤机体。

辐射损伤和其他疾病一样,其致病因子作用于机体之后,除引起分子、细胞水平的变化以外,还可产生一系列的继发作用,最终导致器官水平的障碍乃至各器官系统发生功能紊乱,出现各种临床体征——辐射损伤。对体细胞的损伤,只限于个体本身,引起躯体效应。而对生殖细胞的损伤,则影响受照个体的后代而产生遗传效应。单个或少量细胞受到辐射损伤(主要是染色体畸变,基因突变等)可出现随机效应。辐射使大量细胞或受到破坏即可导致确定效应。在辐射损伤的发展过程中,机体的应答反应则进一步起着主要作用,首先取决于神经系统的作用,特别是高级神经活动,其次取决于体液的调节作用。

(二)辐射生物效应的分类

电离辐射诱发机体的有害生物效应,一般可从不同角度做以下分类。

1. 急性效应与慢性效应

机体受到高剂量率照射,短时间内达到较大剂量,迅速出现的效应称为急性效应。当受照射剂量达到 1 Gy 以上时,有可能发生急性放射病。低剂量率长期照射,随着照射剂量增加,效应逐渐积累,经历较长时间表现出来的效应称为慢性效应。

2. 近期效应与远后效应

辐射作用于机体后,在照射后几天或几周内就出现的效应,称为近期(或早期)效应,如消化道、神经系统等出现的症状。在照射后 6 个月以后才表现出来的效应,称为远后(或晚期)效应,它可在照射后数月、几年或更长时间才出现,如急性未愈或潜伏期后的效应(肿瘤、短寿、不育、白内障、发育障碍)。远后效应可以出现在受一次中等或大剂量的急性照射人员中,也可以发生在长期受小剂量照射的人员中。

3. 躯体效应与遗传效应

辐射诱发的效应,显现在受照射者个体本身的,称为躯体效应;发生在受照射者后代身上的效应,称为遗传效应;如胎儿发育异常及遗传性疾病等。遗传效应是由性腺受照射而引起的,性腺是产生精子和卵细胞的器官,而电离辐射能在这些细胞或其前体中引起通常是有害的突变,从而对胚胎或子代产生影响,由于突变能稳定地从一代传递至另一代,以致辐射对生殖细胞的遗传效应会在以后的许多世代中体现出来。如果辐射引起的是显性突变,则在下一代就会表现出来;如果是隐性突变,则必须与一个带有相同突变基因的配偶相结合,才能在后代中表现出来。遗传物质突变,一般分为基因突变和染色体畸变,前者指 DNA 中碱基对排列顺序的改变,后者指染色体结构的变化。动物实验研究早已表明辐射诱发的突变能导致有害的遗传效应。但人类遗传效应的辐射流行病学调查尚未得出肯定的结论,有待进一步研究探讨。

4. 确定效应与随机效应

按照现代辐射防护的概念,人的辐射效应被分为确定效应和随机效应两大类。确定效应是指严重程度和发生概率随照射剂量而改变的效应,它存在着阈值,当照射剂量很小时,产生的这种损害的概率为零;若受照射剂量高于某一水平(阈值)时,损伤概率很快增加到 100%。在超过阈值以后,损伤的严重程度会随受照射剂量的增加而加重。因为只要照射剂量达到阈值,这种效应就一定会发生,所以称为确定效应,如眼晶体白内障,骨髓内细胞的减少所引起的造血障碍以及皮肤的良性损伤等。由于机体不同细胞和组织的辐射敏感性不同,其受照射后发生确定效应的阈值也有明显差异。一般规律为辐射敏感性高者,其发生确定效应的阈值低。

随机效应是指发生概率(不是严重程度)随照射剂量的增加而增大,其严重程度与照射剂量无关,不存在阈剂量的辐射生物效应。辐射致癌是典型的随机效应,也是最重要的辐射远后效应,如辐射所致的变异发生在性细胞(精子或卵子),基因突变的信息会传给后代,而产生的损伤效应称为遗传效应。遗传效应是辐射所致的另一种随机效应,也是另一种重要的辐射远后效应。

(三) 电离辐射对器官组织的损伤

1. 电离辐射对造血系统和心血管的影响

电离辐射对组织器官的作用非常广泛,可以影响到全身所有组织系统。但在一定剂量水平上,由于组织细胞的辐射敏感性不同,各器官的反应程度也不一致。造血器官是辐射敏感组织,电离辐射主要是破坏或抑制造血细胞的增殖能力,所以损伤主要发生在有增殖能力的造血干细胞、祖细胞和幼稚血细胞,对成熟血细胞的直接杀伤效应并不十分明显。

(1) 对外周血细胞的影响。

白细胞的变化:照射可导致白细胞数量下降,但是剂量较大时,可能出现早期增高现象,这是因为在体液因子的作用下,贮存的白细胞被加速动员释放以及与脏器之间的再分配有关。康复病人随着造血干细胞和造血祖细胞增殖能力的逐渐恢复,白细胞可恢复正常。

红细胞的变化:成熟红细胞的寿命可达 100 天之多,且无 DNA,每天更新率仅 1% 左右,因此受照后,早期红细胞数量变化不大。但是幼稚红细胞有较高的辐射敏感性,受照后其分裂增殖很快受到抑制,网织红细胞数量减少甚至消失,约 2 周左右出现贫血。数周后,红细胞数量可缓慢恢复或治疗后恢复。

血小板的变化:外周血中的血小板在辐射作用后的最初 1~2 周,数量下降缓慢,当然剂量越大,下降速度也越来越显著。血小板在最低水平持续一段时间后,可缓慢恢复。

(2) 造血干细胞损伤。

造血干细胞有很高的辐射敏感性。根据测得的 CFU - S 值可估算出照射后体内残存造血干细胞的数量。小鼠全身约有 $1.5 \times 10^6 \sim 2 \times 10^6$ 个造血干细胞,D_0 值为 0.9 Gy。照射 2 Gy,体内残留的造血干细胞约为照射前的 10^{-1},照射 4 Gy 约为照射前的 10^{-2},照射 6 Gy 约为照射前的 10^{-3}。造血干细胞可以通过增强自身的增殖和限制分化速率加快数量的恢复。一般认为,小鼠体内残留 10^{-3} CFU - S 时,要恢复到原先的造血水平约需 2 周。在此期间动物可能死于感染或其他并发症,故把 6 Gy 作为小鼠死亡的临界值。当受到>8 Gy 照射后,则需要输入外源性造血干细胞以重建造血。

(3) 对心血管的影响。

心脏对辐射的敏感性较低,10 Gy 以下照射所见主要为造血损伤引起的出血和感染。10 Gy 以上照射可引起心肌的变化,包括心肌纤维肿胀,变性坏死甚至肌纤维断裂等。

血管方面以小血管较为敏感,尤其是毛细血管敏感性最高。照射后早期即有毛细血管扩张,短暂的血流加速后,即出现血流缓慢。临床可见皮肤充血、红斑。红斑出现快慢与照射剂量有关,10 Gy 照射后数小时即可出现,照射 1 Gy 则数日后才出现。可见血管内皮肿胀,空泡形成,基底膜剥离,以后内皮增生突向血管腔,血管壁血浆蛋白浸润,继而胶原沉着,致使管腔狭窄甚至堵塞。小血管的这些病变是受损伤器官晚期萎缩,功能降低的原因。由于小血管内皮细胞损伤,血管周围结缔组织中透明质酸解聚增强,加上照射后释放的组织胺,缓激肽以及细菌毒素等的作用,小血管的脆性和通透性增加。

2. 电离辐射对免疫系统的影响

受大剂量照射的人员在出现造血功能障碍的同时,会出现严重的免疫功能低下,表现为免疫活性细胞数量减少,抗体形成抑制或紊乱,细胞因子网络调节失常等,使人处于对细菌、病毒等病原体和其他损伤因子的高敏状态。因此,必须重视辐射对免疫系统的伤害。

(1)非特异性免疫的变化。

皮肤黏膜的屏障功能减弱:照射后皮肤黏膜通透性增加,皮肤黏膜分泌酶和酸的抑菌、杀菌能力减弱。

细胞吞噬功能减弱:由于造血损伤,嗜中性粒细胞和单核细胞急剧减少,残存细胞的吞噬功能和消化异物的功能都降低。

非特异性体液因子杀菌活力降低:照射后血清和体液中溶菌酶、备解素和补体系统的含量减少,杀菌效价降低。照射剂量愈大,下降愈甚,恢复愈慢。

(2)特异性免疫的变化。

无论是中枢免疫器官(骨髓、胸腺、类囊器官)或外周免疫器官(淋巴结、脾脏等)都是辐射敏感器官,所以照射后对体液免疫和细胞都有影响。但体液免疫较细胞免疫敏感性高,而浆细胞具有很高的辐射抗性,有人认为其即使受数十 Gy 照射,亦不影响其分泌抗体。

细胞免疫的辐射敏感性低于体液免疫。文献资料认为机体受到小于 LD 50/30 的辐射照射,则细胞免疫变化不大。大于 LD 50/30 照射时,则细胞免疫和体液免疫都同时受抑制。

在免疫活性细胞中,淋巴细胞是辐射最敏感的细胞群,B 淋巴细胞的辐射敏感性约高于 T 淋巴细胞。人外周血中 B 细胞的 D_0 值约为 0.5 Gy,T 细胞约为 0.55 Gy。淋巴细胞与受照剂量呈现较好的相关性,是急性辐射事故剂量估算的重要依据之一。

在免疫活性细胞中还有一类天然细胞毒性淋巴细胞(NK 细胞),对辐射不敏感。能杀伤肿瘤细胞的 NK 细胞的 D_0 值为 $7.5\sim8.5\,\mathrm{Gy}$。

(3) 免疫系统损伤的修复。

在低剂量辐射之后,免疫系统的改变可以靠机体自身修复及系统功能调节来恢复,不致发生损伤性变化。当受照射的剂量超过机体内防御系统的调节限度,必须用外源性物质以减轻辐射损伤和促进恢复,例如应用细胞因子、进行骨髓和造血干细胞移植等。

3. 电离辐射对生殖系统的影响

辐射对生殖细胞内遗传物质的损伤,即诱发基因突变和染色体畸变,可能会在子代中出现,其表现可能为先天性畸形,这就是辐射的遗传效应。辐射的遗传效应,在动物试验中得到了证明,但是在日本原爆幸存者的后代中尚未发现诱发遗传效应的证据,即未发现新生儿先天畸形的增加。

性腺是辐射敏感器官,睾丸的敏感性高于卵巢。睾丸受 $0.15\,\mathrm{Gy}$ 照射即可见精子数量减少,照射 $2\sim5\,\mathrm{Gy}$ 可导致暂时不育,照射 $5\sim6\,\mathrm{Gy}$ 以上可使人永久不育。睾丸以精原干细胞最敏感,D_0 值为 $0.2\,\mathrm{Gy}$;其次为精母细胞,精细胞和成熟精子则有较高的耐受力。卵巢是没有干细胞、不增殖的衰减细胞群,成年卵巢含有一定数量的不同发育阶段的卵泡。照射破坏部分卵泡可暂时不育。卵泡被破坏的同时,可引起明显的内分泌失调,出现月经周期紊乱,暂时闭经或永久性停经。

4. 电离辐射对神经系统的影响

就形态而言,神经细胞对辐射不敏感,需很大剂量才能引起间期死亡。但就机能改变而言,$0.01\,\mathrm{Gy}$ 就可出现变化。在亚致死量或致死量照射后,高级神经活动出现时相性变化,先兴奋而后抑制,最后恢复。各时相时间长短与剂量有关,较小剂量时,兴奋相较长,或不出现抑制相。剂量较大时,则兴奋相短,较快转入抑制相。植物神经系统也有类似现象,照后初期丘脑下部生物电增强,兴奋性增高,神经分泌核的分泌亦增强。

辐射可导致学习记忆能力减退。神经元再生减少、神经元微环境的改变以及基因表达变化导致的相关蛋白表达的变化和辐射引起的神经元自由基生成的增加等综合因素,在辐射导致的学习记忆障碍发生中起着重要的作用。大脑的功能区复杂,仅大脑认知功能的完成就有多个脑区参与,而辐射对大脑认知功能的损伤主要集中在海马区和前额叶皮层等。另外,随着神经精神科学的高度发展,辐射对精神和情绪的影响及作用机制日益受到人们的重视,临床观察发现,各期放射性脑病的临床表现中都有不同程度的精神情绪异常,如多语、幻觉、怪癖和性格变化等。

5. 电离辐射对消化系统的影响

胃肠道也是辐射敏感器官之一,其中小肠最敏感,胃和结肠次之。辐射对胃肠道的影响是多方面的,最显著的是照射后早期恶心呕吐,腹泻,和小肠黏膜上皮的损伤。辐射对胃肠道的运动、吸收、分泌功能也有影响,如胃排空延迟,胃酸分泌减少;早期小肠收缩和张力增高,分泌亢进,肠激酶活力增强,但吸收功能降低。后期运动、分泌功能都降低。

全身照射或腹部照射都可在照射后早期出现恶心呕吐,照射1 Gy左右即可发生,持续数小时之久。其出现的快慢、呕吐次数和持续时间长短,都与照射剂量有关。

在较大剂量(大于 4～5 Gy)照射后,早期还可出现腹泻,大于10 Gy 照射可发生多次或频繁腹泻。可能是继发于小肠运动功能紊乱,也可能是照射后体内释放的某些体液因子如乙酰胆碱、5-羟色胺、组胺等作用的结果。

三、潜艇辐射医学防护

(一) 个人防护措施

潜艇内一般配备有辐射防护用品,工作人员进入污染控制区前必须做好个人防护工作,佩戴个人剂量计或剂量报警器;离开时进行表面污染监测,更衣并洗消去污;从污染区带出的物品或废物,进行包装处理,防止污染扩散。

(二) 合理安排艇员休息

1. 规定合理的休息制度

因为航行时间过长会导致生理心理功能出现改变,因此需要规定合理的休息制度,改善艇员全身状况,消除疲劳。

2. 保障睡眠

充足的睡眠是艇员保持持久耐力的重要因素之一,应保证充足、安稳的睡眠,尽量避免短暂、零星的睡眠状态,否则极易导致疲劳和疲劳积累。

睡眠与食物、水分与氧气一样,是人体生存所必需的。最佳睡眠能够确保人体最佳作业能力。睡眠减少会明显地降低人体的作业能力,应采取多种措施保障睡眠,改善和提高睡眠质量。

(1) 饮食和营养保障。夜班人员合理的饮食营养既可提高其值夜班的工作效率,又可为下班后睡眠创造较好的生理条件,因此饮食和营养应科学制定方案,做好针对性保障。

(2) 药物干预。诱导睡眠与快速复醒:用催眠药先诱发睡眠,然后在睡眠即将结束或者在情况紧急时用拮抗性药物(兴奋剂)消除催眠药的残留作用,使之恢复完全觉醒状态(SIRRA)。调节睡眠:可供从事技术性工作的人员使用的安眠药,据有关资料报道被认为比较有效可供选择的有安定、甲羟基安定、去甲羟基安定、三唑苯二氮、咪唑二氮、嗅噻二氮、唑吡坦等,使用药物调节睡眠时应注意选用人们熟悉合适的药物,经过试验证实有效且无副作用,用药剂量要最小,要尽量减少使用次数。

(3) 睡眠仪:必要时可采用便携式电睡眠仪,便携式电睡眠仪具有迅速恢复工作能力和清除疲劳的作用,能够诱发睡眠,无累积作用。

(三) 加强锻炼,增强体质

潜艇内活动空间狭小,致使航行时艇员运动量不足。而运动不足也会引发疲劳、记忆力减退、睡眠障碍、作业耐力下降等不良后果,艇员航行时长时间缺少必要的运动量,机体处于低体力负荷状态。锻炼不仅使活动的肌群发生代谢的适应性变化,即更多地利用脂肪而相应减少糖原的利用,从而有利于肌肉活动的持久,推迟疲劳的产生;而且锻炼可促使最大心输出量增加,活动肌群的毛细血管网增多,肌红蛋白增加,线粒体数量增多,糖原储备增加,肌纤维变粗,骨骼肌量增加等,从而提高体力和劳动能力。加强艇员体育锻炼,有助于清除航行带来的精神紧张,强健体魄,增强机体抗疲劳和抵抗恶劣环境因素作用的能力。

(四) 药物及功能食品干预

(1) 具有抗疲劳和加速艇员工作能力恢复的药物及功能食品。如咖啡因、脂类(包括卵磷脂、不饱和脂肪酸等)、糖类、氨基酸与生物活性肽(包括牛磺酸、活性肽、酪氨酸和色氨酸等)、胆碱和肌酸、维生素、抗氧化营养素(包括维生素 C、维生素 E、类胡萝卜素和微量元素硒、铜、锌等)、中草药提取物及复方制剂(包括复方山草根口服液、茶强化锌剂、威力加制剂、生脉饮、长春西汀、银参饮、丁香提取物、银杏提取物、积雪草提取物等)。

（2）具有抗辐射功效的药品和功能食品。如人参、刺五加、红景天、黄芪、枸杞、灵芝、银杏叶、冬虫夏草、芦荟、黄精、南沙参、苦豆子、绿茶、螺旋藻及紫菜、海带、海参、洋栖菜等。

（五）水疗和热疗

在长期航行中，用淡水或海水擦身或淋浴是防止和消除疲劳的有效措施，艇员淋浴可促进工作能力恢复，使疲劳更快恢复，大大改善主观感觉。此外，自我和相互按摩或电动按摩、电刺激以及针灸等对预防和消除疲劳亦有良好的疗效。

（六）吸氧

吸氧是预防过度疲劳行之有效的方法，在常压下长期吸入30%～60%的氧气可使血液内氧含量增加，尤其在恶劣环境中（如高温、强噪音、高浓度有害气体、缺氧等），每天吸氧有较好的效果。

第五节 潜 艇 噪 声

一、潜艇噪声概述

噪声是潜艇舱室环境中主要的有害物理因素。由于潜艇的动力机械功率强，舱室的容积有限，使得潜艇噪声具有强度大、暴露时间长、混合因素多等特点。因此，潜艇噪声直接影响舰员的身心健康，严重影响艇员的作业效能。

潜艇噪声按其声场性质可分为空气噪声、结构噪声和水下噪声，对舰员健康有直接影响的是空气噪声。潜艇空气噪声根据时间分布的情况分为连续噪声和脉冲噪声两大类型。连续噪声在时间分布上呈连续性，如舰艇中各种机械的噪声；脉冲噪声如各种潜载武器发射时所产生的瞬时强噪声或爆炸声等。

二、潜艇噪声评价

潜艇噪声评价的基本原则是通过一定的手段，测定噪声的性质、强度和暴露时间，由此判定其可能对人体产生的影响及其严重程度，明确剂量-反应关系。

正常人耳能引起声响感的最低声压称为听阈声压或听阈，正常青年人1000 Hz声音的听阈为20 μPa。当声压增大到能使人耳产生疼痛感时称为痛阈声压或痛阈，为20 Pa。由此可知，从听阈到痛阈的声压值相差100万倍，故用声压的绝对值表示声音的强弱很不方便。由于人耳对声响强度的感觉量与声强的对数成比例，因此取其对数量（级）来表示，称为声压级（sound pressure level，SPL），单位为分贝（dB）。

声音在不同频率和声压级条件下，给人的主观响度感觉不同，为此把频率与声压级两个物理参数，将其依据人耳的感音特性联系在一起，定出主观声响感觉的物理量，称响度级，单位为方。方是以1000 Hz纯音的声压级作基准音，与其他不同频率的纯音做比较，当产生与基准音有同等的响度时称等响。根据大量的实验与统计结果，应用等响与基准音比较，可绘出从听阈至痛阈范围内各频段等响的响度级曲线，称为等响曲线或等感觉强度曲线。声学中又称弗莱彻-蒙森曲线。

声级计是调查噪声环境中最常用的仪器。根据人耳对高频声敏感,对低频声不敏感的生理学特性,以等响曲线为基础,人们在测量计权声压级的仪器即声级计中,通过设计几种不同类型的滤波器,并制成如 A、B、C、D 等数种对声音有不同响应的频率计权网络,由此可分别测出 A、B、C、D 等计权声压级,其单位分别为 dB(A)、dB(B)、dB(C)和 dB(D)。

A 声级是模拟人耳对 45 方声响应的声压级,即对低频声有较大衰减,而对高频声不衰减,比较接近人耳对声音的响应特性。国际标准化组织(ISO)推荐采用 A 声级作为噪声卫生评价指标。

B 声级是模拟人耳对 70 方声响应的声压级,对低频声有一定的衰减,它对声音的响应特性介于 A 声级与 C 声级之间,不常用。

C 声级是模拟人耳对 100 方声响应的声压级,对所有频率的声音几乎都不衰减,近似于线性声级,故多用于评价噪声的总声级。

由于现代喷气式飞行器等产生的噪声是一种复合噪声,若以 A 声级测量现代航空噪声将会低估高频连续噪声给人带来的烦躁和讨厌感,为此提出感觉噪声级以纠正误差。而 D 声级正是突出响应高频部分(3 000~6 000 Hz),通常将 D 声级的实测值再加 7 dB,即为感觉噪声级(perceived noise level, PNL),单位为 PNdB,多用于评价航空噪声。

当需要深入了解噪声的性质以便分析其对几天的作用特点时,或在进行控制噪声的工程技术设计时,还需进行噪声的频谱分析。通常使用频率分析仪配合声级计进行测定。

三、噪声的危害

噪声除了对听觉器官的特异性影响,还对机体各个系统产生影响。随着对噪声研究的深入,发现噪声对人的心理、生理、工作效率等也有着广泛的影响。因此,噪声已被多数国家列为公害并予以高度重视。

1. 噪声对听觉器官的影响

听觉器官是噪声损伤的敏感部位,在其他器官系统尚未出现改变以前,听觉器官已出现形态和功能的变化。听觉系统的损害正是评价噪声危害和制定噪声标准的主要依据。

(1) 临界级和听觉适应。噪声引起的听力损伤首先与噪声的强度有关。当强度低于某一水平时,无限期的噪声暴露也不会引起听力的变化,此水平称为临界级(critical level,CL)。临界级随频率不同而不同,人的临界级一般为50~55 dB。

短时间内接触强噪声,出现不适、耳鸣、听力下降10~15 dB,脱离噪声环境数分钟内听力即恢复正常,这种现象称为听觉适应。

较长时间停留在强烈噪声环境中,引起听力明显下降15~30 dB,离开噪声环境后数小时至一昼夜,恢复至原有听力水平,称为听觉疲劳。

(2) 暂时性听阈位移。持续暴露于强噪声环境,使听力下降15~30 dB,在离开噪声环境数小时至数十小时甚至更长时间后听阈偏移可恢复者,称为暂时性听阈位移(temporary threshold shift,TTS)。TTS是研究噪声损伤听力的重要指标;听觉适应和听觉疲劳属可逆性听力损失,可视为机体的生理性保护效应。

(3) 永久性听阈位移。暴露强烈噪声或反复、长期暴露较强的噪声,使听阈由生理性移行至不可恢复的病理性过程,形成永久性听力下降,称为永久性位移(permanent threshold shift,PTS)。为了排除TTS的干扰,PTS的测定应在脱离噪声环境较长时间(一日或数日)后进行。

在形成PTS的早期,2 000 Hz以下听阈一般正常,听力下降主要发生在高频段(3 000~6 000 Hz),形成高频听谷,即在听力曲线图上表现出所谓的"V"字形曲线;当PTS出现在高频(3 000 Hz、

4 000 Hz、6 000 Hz)任一频段位移≥35 dB,且无语言听力障碍时,称为高频听力损失。高频听力损失常在语言频率听力损失之前出现,故可作为噪声性耳聋的早期指征。

(4) 噪声性耳聋。当高频损失扩展至语言频率三个频段(500 Hz、1 000 Hz、2 000 Hz),造成平均听阈位移>25 dB,伴有主观听力障碍感,称为噪声性耳聋。电测听检查发现听力曲线从低频到高频呈倾斜型下降,并在 4 000 Hz 处有听力突然下降的听谷存在,严重时导致完全性失听。

关于噪声性耳聋诊断标准与分级,参照国际标准化组织制定的噪声性耳聋诊断推荐性标准,该标准规定:语言频率三个频段(500 Hz、1 000 Hz、2 000 Hz)纯音气导的算术平均值阈移等于或超过 25 dB 时,称为噪声性耳聋。噪声性听力损失程度分级标准如表 1-9 所示。

表 1-9　听力损失程度分级标准

听力损失分级	语频平均听阈/dB HL
正常	≤25
轻度听力损失	26~40
中度听力损失	41~55
中重度听力损失	56~70
重度听力损失	71~90
极重度听力损失(全聋)	>90

(5) 爆震性耳聋。当在高频任一频段呈现的听力下降≥30 dB,并在 48 小时后经听力检查仍未恢复者;或同时出现语言频率平均听力下降>25 dB,且不可恢复,称为爆震性耳聋。

脉冲噪声引起听力损伤的特点:听力损伤主要取决于压力峰值、持续时间和脉冲个数。中耳和内耳都可能发生损伤,但是两者的损伤不一定平行,尤其在反复暴露时,已受损的中耳骨膜或听骨链,因不能有效地将压力波传至内耳,从而在一定程度减轻内耳承受的压力。压力峰值不高,但持续时间长或重复次数多时容易损伤内耳。中耳损伤表现为鼓膜和鼓室充血、出血,鼓膜穿孔、听小骨脱位或断裂,以鼓膜穿孔最为常见。内耳损伤既可损伤前庭又可损伤耳蜗,引起骨阶出血、支持细胞折损、Corti 氏器与基底膜分离。早期听力损伤并不一定呈现"V"形曲线,晚期听力曲线呈多样化,也可见到 6 000 Hz 处有一听力下降的低谷。

大多数强脉冲噪声,如火炮或轻武器发射的瞬间、炸药爆炸或弹体炸裂、超音速飞机飞越等,所有声压级增长的时间间隔("升压时间")都小于中耳保护系统起反应作用的"等待时间"10 毫秒,在不到 10 毫秒的时间内,声压急剧地增大到约 168 dB,此时生理保护系统所起的反应完全失去作用,因此必须加强听觉器官的个体防护。

2. 噪声的听觉外效应

(1) 对睡眠、休息的干扰。噪声干扰睡眠休息的阈限值,白天为 50 dB(A),夜间为 40 dB(A)。老年人和患者对噪声的干扰更为敏感。噪声作为一种干扰因素使人感到烦恼,甚至难以入眠;噪声改变人的睡眠状态,由熟睡变为浅睡;噪声引起觉醒,其阈值大约只比听阈高 20 dB。

(2) 对心理的影响。噪声的心理影响主要表现为使人烦躁、易激动,甚至无故暴怒。噪声干扰易导致疲劳提早发生,使人精力不集中和工作效率降低。

(3) 对语言、通信的干扰。正常交谈时,相距 1 米能听清对方的语言,其背景噪声应小于 55 dB。通信中,尤其是以有线或无线通话或指挥调度时,环境噪声大于 75 dB,通话效果差、难以听清,既是掩蔽效应的体现,也可影响武器装备通信的效果。噪声往往掩盖一些危险信号的声响示警,故吵闹的施工区域或生产场所易出现工伤事故。美国对引起 25 名铁路职工死亡事故分析,认为有 19 起的主要原因是由高噪声造成。

(4)噪声对神经系统的影响。神经系统的影响与声响的性质、强度、接触时间有关。长期单调的噪声可使多数人出现神经衰弱综合征:头痛、头晕、耳鸣、心悸以及睡眠障碍等。我国 9 省市噪声调查资料表明,噪声作业工人神经衰弱综合征阳性率为 24.35%。脑电图显示 α 节律减弱或消失,相反,β 节律增加或增强。

(5)噪声对心血管系统的影响。噪声对心血管系统的影响主要表现为心率、血压、心电图及心脏泵功能的改变。一般可归纳为两种情况:一种属于即时效应,即开始接触噪声时,机体产生保护性反应,表现为交感神经兴奋,心率加速,心输出量增加,收缩压升高,随着噪声暴露时间的延长,机体的应激反应逐渐减弱,继而出现抑制,表现为心率减缓,心输出量减少,收缩压下降。另一种属于远期效应或称为慢性损伤效应,主要表现为脉搏和血压波动,心电图呈缺血性改变。

(6)噪声对消化系统的影响。强噪声刺激可引起消化功能减退,胃功能紊乱,消化液分泌异常,胃张力减低,蠕动无力,排空减慢,胃液酸度改变,从而导致消化不良、食欲减退、营养不良等。胃病是舰员的常见病之一,流行病学调查表明,舰员功能性消化不良发病率为 10.3%,其中约有 57% 是由噪声因素引起。

(7)噪声对内分泌及免疫系统的影响。噪声可引起免疫功能降低,接触噪声时间越长,变化越显著。在中等强度噪声(70~80 dB)作用下,肾上腺素皮质功能增强;而强噪声(100 dB)能使肾上腺皮质功能减弱。此外,国外调查资料显示,选择 300 个职业性强噪声接触者家庭,并与对照比较,发现职业性强噪声可能会降低人的生育力或性冲动。

四、噪声标准

噪声的卫生标准有四类:听力损伤危险标准、听力保护标准、装备设计噪声标准、各种场所环境噪声容许标准。

舰船环境作业噪声限值规定当容许声级为 85 dB(A)时,每天连续暴露 8 小时;强度每增加 3 dB(A),暴露时间减半,即 88 dB(A)只能暴露 4 小时,依此类推;暴露于多个声级的噪声,容许等效连续声级 85 dB(A);暴露于含有窄带噪声或纯音成分的噪声,容许声级相应降低 5 dB(A);最高限值不得超过 109 dB(A)。水面舰艇舱室噪声分为空气噪声和水下噪声,空气噪声又分为舱室空气噪声和设备空气噪声。舰船设备划分为 A 级设备、B 级设备、C 级设备、D 级设备、E 级设备、F 级设备,分别安装于 A 类区域、B 类区域、C 类区域、D 类区域、E 类区域、F 类区域。设备空气噪声限值按照表 1-10 执行。

表 1-10　舰船通用规范中噪声等级划分

设备级别	基准声压为 20 μPa 的标准中心频率(Hz)倍频带声压级								
	31.5	63	125	250	500	1 000	2 000	4 000	8 000
A 级	66	63	60	57	54	51	48	45	42
B 级	72	69	66	63	60	57	54	51	48
C 级	75	72	69	66	63	60	57	54	51
D 级	75	72	69	66	63	60	57	54	51
E 级	82	79	76	73	70	67	64	61	58

关于脉冲噪声标准,虽然世界各国规定的限值有较大差异,但都

以脉冲噪声的压力峰值、持续时间和脉冲个数三个参数作为制定标准的依据。参照炮弹发射时脉冲噪声对听觉的安全限值规定，其关系式如下：

舰艇火炮脉冲噪声人体听觉安全限值公式：

$$L_p = 171 - 5\log(TN/10) \tag{1.1}$$

舰艇导弹（含火箭深弹）脉冲噪声人体听觉安全限值：

$$L_p = 166 - 5\log TN/300 \tag{1.2}$$

式中，L_p 为脉冲噪声安全压力峰值（dB）；T 为脉冲噪声持续时间（ms）；N 为脉冲个数。

五、噪声控制与防护

控制噪声的根本办法是控制声源，用无声或低噪声的工艺设备代替产生高噪声的设备，但往往由于技术或经济等原因，直接治理声源难度甚大，因而采取噪声控制技术进行噪声治理。

1. 吸声

用多孔材料贴敷在墙壁上及屋顶表面，或制成尖劈悬挂于屋顶或装设在墙壁上，以吸收声能达到降低噪声强度的目的；或利用共振原理采用多孔板作为吸声的墙壁结构，均可取得较好的吸声效果。

2. 消声

消声是防止动力性噪声的主要措施，主要用于风道和排气管消声。消声器是允许气流通过，又可减少噪声传播的装置，是降低空气动力性噪声的主要技术措施。主要应用在减少轻武器射击噪声，集中式空调通风噪声等方面。常用的有阻性消声器、抗声性消声器及阻抗复合消声器等，消声效果较好。

3. 隔声

隔声是指采用屏蔽物降低空气中传播的噪声,是噪声控制中常用而有效的措施。如隔声墙壁、门窗,可阻挡室外噪声的传入。常见的还有隔声室、隔声罩等。

4. 阻尼与隔振

机械振动必引起噪声,采用阻尼与隔振措施能有效地降低机械噪声。阻尼是利用强黏滞性的高分子材料,涂于金属板材之上,使板材弯曲振动能量转换成热能而损耗。

隔振则是防止振动的机械与其他刚性结构相连接,如与弹簧、胶垫等弹性物连接,降低振动的传递而减弱噪声。隔振要求隔振系统的固有频率远远低于机械振动系统的频率,避免产生共振作用。隔振材料需要有耐压、耐高温、耐潮、耐腐蚀的性能。

5. 听力保护器

听力保护器即为护耳器,具有防护非稳态噪声和脉冲噪声的效果,按其形成结构可分为耳塞、耳罩、通信耳机和防声帽盔等。

(1)耳塞。耳塞是插入外耳道的个体听力保护器,造价低,便于普及。耳塞具有较好的隔声效果,尤其对脉冲噪声和高频声的隔音值可达 25 dB 以上,且不影响通信,已现场验证。

(2)耳罩。耳罩是将整个耳郭套封起来的个体听力保护器。通信耳机是耳罩型的通话器,也具有耳罩保护听力的特点,多用于坦克乘员和直升机驾驶员。通常耳罩隔声效果优于耳塞,但造价高,仅适于特种人员使用。

(3)防声帽盔。又称头盔航空帽,一般是由玻璃丝布壳和内衬吸声材料组成。它的优点是隔声量大,而且能减少声音通过颅骨传导引起内耳的损伤,对头部还有防振和保护作用。罩用时可以与通信耳机同时使用。它的缺点是体积大而笨重,戴起来不方便,尤其是透气性差,夏天使用时易感不适,价格较贵,一般说,只有高强噪声条件和需要多种防护作用的场合,才将帽盔和耳塞连用。

六、听力损失处理原则

（1）噪声性听觉损伤应以预防为主,做到早期发现、早期治疗,必要时脱离工作岗位。

（2）脉冲噪声对听觉损伤的处理:脉冲噪声引起耳鸣、听力减退持续 10 分钟以上者,应尽可能脱离噪声环境,如必须坚持工作者,应采取耳塞加耳罩或头盔进行双重防护;全聋者在双重防护下观察至听力恢复,如 72 小时听力仍未恢复,应送医院诊治;持续耳鸣或听力减退,应尽早进行耳镜检查和听力测试;鼓膜穿孔或鼓膜穿孔合并感染者,应及时进行相应治疗。

（3）需要敏感听力的舰员(声呐员、报务员、听音员等)如自觉听力减退,应进行耳镜检查、纯音听阈测试和语言辨别率检查,如条件许可,还应进行噪声干扰下语言识别率检查。听力损失 3 个月后仍未能恢复,应按照相关标准进行听力损失诊断分级,如语频平均听阈大于 40 dB HL(听力级)者,应脱离工作岗位。

（4）噪声暴露后,经测听检查,与基础听力图对比有明显听力损失者,应进一步观察。双耳高频(3 000 Hz、4 000 Hz、6 000 Hz)任一频率与基础听力比较,阈移大于 30 dB,应加强个人听力保护,每隔 3～6 个月复查听力,如听力损失继续加重,应脱离噪声环境;单耳语频平均听阈 20～40 dB HL 为轻度听力损失,每隔半年至一年复查听力,如语频平均听阈大于 70 dB HL 为中度以上听力损失,应脱离噪声环境。

（5）按照相关标准对噪声性听力伤残分级,对双耳中度以上听力损失或四级以上(含四级)听力伤残者,应配助听器。

第六节　潜艇电磁辐射

一、电磁辐射概述

舰艇磁场是指舰艇上强磁场设备所产生的磁场环境,其强度可高于地磁场数百倍至数千倍。所谓强磁场,是指远高于地磁场的外加磁场,而地磁的强度一般平均约为 0.05 mT。随着舰艇装备的不断发展,各种强磁场设备在舰艇上应用逐渐增多。长期接触舰艇磁场环境,可对舰员健康产生不良影响,所以必须加强磁场的卫生防护措施。

随着科学技术的发展,微波的应用日趋广泛,如烹调、消毒、通讯、雷达瞄准、雷达导航和电视转播等均使用微波技术,使操作人员有可能受到微波的危害。各型舰艇用雷达发射机的磁控管、雷达天线和波导系统均可产生微波辐射。微波是一种频率(300 MHz～300 GHz)很高而波长(1 mm～1 m)很短的电磁波,其在电磁波谱中的位置介于超短波和红外线之间。由于微波有很高的频率,在低功率电平下,微波的量子特性就明显表现出来,且生物效应与它的量子效应有关,但它的量子能量与电磁波中频谱高端的 X 射线和 γ 射线相比还很小,还不足以改变物质分子内部结构或改变分子间的键,不能产生电离效应,因此微波辐射仍属于非电离辐射。通常用功率密度来表示微波的强度,即单位面积上微波通过时的功率,一般有 mw/cm^2 和 $\mu w/cm^2$ 两种表示方法,$1\ mw/cm^2 = 1\ 000\ \mu w/cm^2$。按功率密度将微波效应强度分三级:低功率密度$\leqslant 1\ mw/cm^2$;中功率密度 $1～10\ mw/cm^2$;高功率密度$>10\ mw/cm^2$。

二、潜艇磁场的来源

潜艇磁场来源于艇上各种强磁场设备,致使各舱室成为具有一定强度的磁场环境。目前潜艇磁场的来源如下。

(1) 核动力潜艇核反应堆除存在电离辐射外,也可在其周围产生一定强度的磁场。据报道,美国海军军械实验所的一个 5 000 MW 的托卡马克型核反应堆,可产生 1 000 mT 的磁场,在它附近的人员可能暴露于 7~45 mT 的磁场环境中,在其建筑物外面、半径 500 m 以内的磁感应强度仍达 1~7 mT。

(2) 一些舱室内能检测到的电磁辐射主要是一些通用电器(如电脑、日光灯等)、大功率通信设备、艇用磁性医疗设备和电磁加热装置,都可以在其周围产生一定强度的磁场,工作时产生的电磁辐射泄漏,其频率大多低于 100 MHz。

潜艇中电磁环境复杂,频谱范围宽,尽管制定了相关的剂量限值并配备了一定的防护手段,但宽频段电磁辐射的防护技术仍需突破,长期暴露在低剂量的电磁辐射损伤效应需要进一步研究。

三、潜艇磁场对人体的影响

磁场对人体具有非特异性刺激作用,电磁辐射与免疫性疾病、心血管疾病、癌症等的发病率关系如何,是否有直接效应关系,是潜艇官兵关注的问题,特别是潜艇官兵尤为关心的电磁辐射对生殖系统的影响问题,至今无明确的结论和解释。因而,有必要大规模深入调查潜艇电磁场环境现状,探讨潜艇电磁环境特点,开展复杂电磁条件下生物效应研究,阐明电磁场作用下机体结构和功能变化的态势,如细胞膜对无机物阴阳离子通透性变化、膜电位、血液电动势、自由基氧化与电磁场振荡作用等,打消潜艇官兵对电磁辐射危害的疑虑,同时为有效防护电磁辐射提供科学依据。

(1) 神经系统。神经系统对磁场作用很敏感,尤以丘脑下部和大脑皮质为甚。磁场对中枢神经系统功能的影响以抑制作用占优势,可抑制条件反射活动,引起反射潜伏期延长,使简单和复杂的运动反应时间延长。磁场对植物神经系统的影响也较明显。引起心率减慢、心律不齐、心电传导时间延长等。还可引起左心收缩力降低、心输出量减少,血压降低,呈现心血管功能降低状态。扩张局部微血管,如眼球结膜毛细血管和微静脉管径扩张。常主诉出现头昏、眩晕、心悸、乏力、失眠、恶心等,有时还会产生"恐磁症"。

(2) 血液系统。低强度磁场可引起外周血液中红细胞增加,高强度磁场(380~1 000 mT)可加快红细胞衰老和溶血。有人报道磁场可能抑制造血功能,但也有人发现一定强度磁场(75 mT)可以增加骨髓增生活力,升高骨髓细胞分裂指数。

(3) 内分泌系统。磁场作为一种应激源,引起机体的应激反应,使 ACTH、11-羟皮质酮等激素的释放增加。

(4) 免疫系统。低强度磁场(5~20 mT)间断暴露对机体免疫功能有一定增强作用,而急性高强度磁场(50~100 mT)连续暴露 48~96 小时则对免疫功能有一定抑制作用。

(5) 生殖系统。磁场可显著影响生殖系统,引起睾丸血液循环不良,精子数量减少、活度降低,精细管损伤,导致不孕不育。

(6) 细胞。细胞在不同类型磁场作用下,在其内部产生感生电流、感生电势和磁力,从而影响细胞的正常活动。一种情况是影响生物分子间的亲和力和细胞结构,导致细胞分裂停止或死亡。另一种情况是促进细胞带电微粒运动,调整生物分子液晶结构,改变细胞膜的通透性,促进细胞生长。

对大鼠、小鼠、家兔等动物神经行为的影响研究结果虽然不尽一致,但已有足够的证据表明在一定强度的电磁场下暴露一定的时间会对动物的神经行为产生影响。水迷宫实验表明,电磁场导致大鼠空间记忆能力的改变,暴露于电磁场阻断了动物空间参考记忆功能,从而使实验动物采取其他相对简单但效率较低的策略来完成任务。在研究微波对人体影响的试验中也发现了类似的结果,对于相对简单的任务,接触微波可以使犯错误的概率降低,而对相对复杂的任务而言,接触微波会增加犯错误的概率。

人们对电磁辐射的生物学效应的认识逐渐深入并采取一些措施进行了防护,电磁辐射急性或长期大剂量的暴露已在很大程度上得到控制。目前,因接触较高场强电磁辐射所致的典型的、有明显临床症状与体征的发生率已大大降低,而长期、较低水平的暴露所致潜隐性影响问题则日趋突出。而且,由于神经系统对电磁辐射比较敏感,电磁辐射低剂量暴露早期作用就可表现为神经系统的功能性改变。

血脑屏障是维持中枢神经系统自身稳态平衡的重要结构,在生理状态下,血脑屏障严格控制水溶性物质如小分子的电解质进入脑组织,只有脂溶性物质才能通过血脑屏障弥散入脑组织。同时,血脑屏障的转运系统使极性物质进出脑组织,血脑屏障存在有较密集的葡萄糖转运系统使中枢神经系统能高速利用葡萄糖,血脑屏障中也存在大量的各种氨基酸的转运系统。在病理情况下,由于血脑屏障受到破坏,这种调控作用消失。血液的成分,包括电解质和血浆蛋白在血液压力作用下可经开放的血脑屏障"驱"入脑组织。研究各种条件和疾病状态下血脑屏障的开放是神经科学研究的一个重要内容。研究发现低强度的磁共振使血脑屏障的渗透性增加,较高强度的磁共振也能使血脑屏障的渗透性增加。Salford 等发现 915 MHz 脉冲电磁辐射和 8 Hz、16 Hz、50 Hz 和 200 Hz 的连续微波都能使血脑屏障开放。王琦等利用场强为 200 kV/m 的脉冲式电磁辐射照射 SD

大鼠 200 次、100 次、50 次、25 次，实验结果发现，随着脉冲次数的增加，血脑屏障通透性亦呈逐渐增大趋势，呈现明显的量效关系。而较低强度较长时间的 3.25 GHz 的电磁辐射是否能对血脑屏障产生影响有待进一步研究。

现在国内外已经对电磁场对人体神经行为的影响做了很多的研究。美国北卡罗来纳州立大学进行了一项嵌套式病例-对照抽样调查，研究了 138 905 名电力部门男性职工的自杀死亡率与估算的工作场所极低频电磁场水平之间的关系，他们对 536 名自杀死亡者及 5 346 名相应的对照个体的工作环境进行了分析，发现自杀死亡率在接触电磁场的工种中相对升高，而且随暴露指数的升高而升高，其中电工及线路工的比值比（odds ratio，OR）分别为 2.18 和 1.59。英国布里斯托大学的一项研究模拟 915 MHz 移动电话信号对人的认知功能影响的结果表明，手机电磁辐射能使人的反应速度加快（反应时间缩短）。这个结果表明，接触由手机辐射出的电磁场可能会对大脑功能产生积极的作用，特别是对需要集中注意力及需处理与工作记忆有关的任务有一定的帮助作用。研究表明，移动电话等电磁辐射主要影响受试者的简单反应时间和反映大脑适时记忆的指标（如数字译码、目标追踪等），也有研究表明，GSM 移动电话对受试者认知能力未发生影响。

急性大剂量微波辐射一般很少发生，但在突然性事故中可能遇见。这种情况在误入强微波辐射场或在雷达开机维修时容易发生。动物实验表明，大剂量微波照射可使狗全身出汗，体温升高，心率加快，血压上升，气急，最后因热衰竭致死。波长为 1.25 cm、强度为 150 mw/cm^2 的微波照射 5 分钟，小白鼠全部死亡。由于人的防御反射，在感到全身致热之前已脱离现场，遭受急性大剂量微波辐射较少见，但仍应引起重视。微波对机体的影响，主要由慢性微波辐射引起。对神经系统的影响主要表现为头晕、头痛、失眠、记忆力减退和乏力等神经衰弱综合征。症状发生率随工龄延长而增加。此外，情绪不稳定、易激动、抑郁、妄想、多汗、性功能减退也相对增多。神经反射检查有亢进或抑制，有幻听或幻视。微波作业人员常有心悸、胸闷、心前区疼痛的表现。心电图检查见有窦性心动过缓、窦性心律不齐、室性期前收缩、心房和心室内传导时间延长、右束支传导阻滞，有时还有 ST 段压低及 T 波低平的改变。接触连续波者，以副交感神经兴奋为主，多有低血压；接触脉冲波者，以交感神经兴奋为主，多有高血压。调查表明，微波辐射可以引起接触人员的红细胞、白细胞、淋巴细胞减少，血细胞比容下降，血小板减少及其功能受损。动物实验证实，高强度的微波多次辐射，可以产生晶状体混浊，或称微波性白内障。长期接触微波的工人，可发现眼晶状体点状或小片状浑浊，也可加速晶状体的自然老化过程。受微波辐射容易引起睾丸血液循环不良、精子数量减少、活度降低，精细管损伤。长期接触低强度微波的人员，有性功能减退的表现，但未发现对生育的影响。在微波作用下，消化腺分泌减少，胃肠功能减弱，食欲减退，消化不良。

四、舰艇磁场的卫生标准

水面船舶磁场对人体的安全限值规定了舱室中电磁扫雷具和其他强磁场设备产生的恒定磁场或频率在 0.2 Hz 以下的交变磁场对舰（艇）员全身作用的安全限值。对于磁感应强度不超过 2 mT 的部位，允许舰员全身连续暴露 5 昼夜以内；水面舰艇执行阶段通磁作业时间连续达 4 周时，如需舰员继续接触其磁场环境，必须间隔 1 个月以上；对于阶段通磁作业时间在 4 周以内者，其间隔时间应不短于该阶段通磁作业时间（见表 1-11）。

表 1-11　舰艇磁场对舰(艇)员全身暴露的安全限值

舱室	最大允许磁感应强度/mT	允许暴露时间
生活舱	5	每天 8 小时,每周 5 天,连续不超过 4 周
一般工作舱	7	每天 8 小时,每周 5 天,连续不超过 4 周
强磁场设备舱	40	连续不超过 4 小时
	40	每天 1 小时,每周 5 天,连续不超过 4 周
	80	每天 30 分钟,每周 5 天,连续不超过 4 周
	200	每天 10 分钟,每周 5 天,连续不超过 4 周
各舱位或部位	2	连续不超过 5 天

注:生活舱指居住舱、会议室、餐厅等生活与休息舱室;一般工作舱指强磁场设备舱以外的各种作业舱室。

五、潜艇磁场防护措施

选用低泄漏磁场的舰艇强磁场设备。在潜艇设计建造时,尽量使生活舱远离强磁场设备。对磁场强度难以降低的舱室,应限制舰员接触磁场时间。

对潜员定期进行体格检查,如发现有明显功能障碍者,应暂离磁场工作环境;神经系统和心血管系统器质性病变、自主神经功能紊乱、神经官能症及内分泌疾病患者,应避免从事接触强磁场工作。

(1)屏蔽辐射源。用铝、铜等金属材料(金属板或网)包围辐射源,以吸收和反射电磁场能量。屏蔽时应尽量包围辐射源所有部分,而且屏蔽表面应是电导闭合的,通过接地设备将吸收的能量转变为感应电流引入地下,以防二次辐射。

(2)微波辐射能的吸收。用碳黑、石墨、羧基铁等具有吸收微波能量的材料,单一或混合配比渗入多孔塑料或橡胶内,制成平板状、尖劈状或波纹状,装置于室内四壁,可以吸收微波。调试微波机时,为使微波不向空间发射,需安装功能吸收器(如等效天线)吸收微波能量。

(3)防止泄漏。对雷达系统经常进行检修,特别是波导管连接处。微波加热设备的缝隙和物料出入口可有微波漏出,应注意密闭。

(4)个人防护。从事微波工作的人员应配备个人防护用具。防护眼镜可用细铜丝网制成,或在镜片上喷镀金属(如二氧化锡)的透明薄膜。防护衣帽可用铝丝或涂银布料制成。

(5)健康检查。艇员应每年进行一次健康检查,重点检查中枢神经系统、心血管系统及眼睛晶状体的变化。

(6)卫生标准。建立完善电磁辐射暴露的相关卫生学标准。我国制定了作业场所微波辐射容许接触限值:连续波,平均功率密度 $50\,\mu\mathrm{W/cm^2}$(8 小时),日接触剂量 $400\,\mu\mathrm{Wh/cm^2}$;脉冲波固定辐射,平均功率密度 $25\,\mu\mathrm{W/cm^2}$(8 小时),日接触剂量 $200\,\mu\mathrm{Wh/cm^2}$;脉冲波非固定辐射的标准与连续波相同。

第七节 潜艇冲击振动

一、冲击振动的特点

潜艇在航行过程中,受到来自内部和外部激振力的作用,就会产生振动。这些激振力来自机械系统、波浪冲击、导弹发射后坐力以及潜艇中弹爆炸。航行中,机械动力系统弹性梁的振动是无限自由度系统的振动,它由无限个主振动叠加而成,只要外界存在着由某种原因引起的激振力时,都有可能引起整个艇体某一个或几个谐调的共振。对于艇梁来说,这种外界激振力是不可避免的。螺旋桨工作时所产生的轴承力将通过轴系、推力轴承传递给艇体梁引起振动;潜艇主机、辅机等各种动力机械,在运转过程中产生的激振力和力矩,通过机座传递给艇体梁。潜艇受到波浪冲击及导弹发射时后坐力可产生外界激振力。舰艇发射导弹时,可使船体结构发生短时强烈振动,破坏艇上设备。潜艇中弹爆炸时,艇体振动更加强烈。据测量,距着弹点较近的设备所受的冲击加速度可达 $3\,000 \sim 4\,000\ \mathrm{m/s^2}$。而试验证明冲击加速度大于 $1\,000\ \mathrm{m/s^2}$ 时,即使单次冲击,无线电设备元器件也无法承受。因此,过大的振动会使电子计算机、航海指挥仪、通信系统自动控制仪表等设备失灵,影响潜艇的安全航行和危害人体的健康。

通常将潜艇的振动分为总体振动和局部振动两大类。在外界激振力的作用下,引起整个艇体的振动称为艇体总体振动,引起艇上局部结构的振动称为局部振动。通常情况下,这两类振动是同时存在而且相互关联的。潜艇的振动与普通弹性梁一样,梁的一切可能振动形式在潜艇上可得到体现。潜艇的振动主要有以下 4 种形态。

(1)垂向振动:艇体在纵剖面方向即沿垂直方向上的弯曲振动。

(2)水平振动:艇体沿水线方向即水平方向的弯曲振动。

(3)扭转振动:艇体绕其纵向轴线的扭转振动。

(4)纵向振动:艇体沿其纵轴的纵向振动。

舰船航行时的振动频率一般很低,主频率一般在 $100\ \mathrm{Hz}$ 以内。据测量,民用运输船舶的生活舱和工作舱,如驾驶室、机舱控制室、航海室、住舱等,垂向振动的主频率范围为 $8.3 \sim 25\ \mathrm{Hz}$,而 $1 \sim 5\ \mathrm{Hz}$ 和 $25 \sim 58\ \mathrm{Hz}$ 频率范围的成分较少;水平振动主频率为 $6.625\ \mathrm{Hz}$,而 $1 \sim 5\ \mathrm{Hz}$ 和 $25 \sim 58\ \mathrm{Hz}$ 频率范围的成分也较少。潜艇振动的主频率稍高,多数在 $15 \sim 100\ \mathrm{Hz}$,少数在 $100\ \mathrm{Hz}$ 以上,甚至高达 $500\ \mathrm{Hz}$。

二、冲击振动影响因素

从振源来说,舰艇振动与动力装置、推进器、艇型等有关;而从振动的响应来说,则与舰艇总体布局、艇体结构有关。

(1)不同舰艇振动的加速度值差异较大。民用运输船舶主要舱室垂向振动加速度峰值多为 0.1～0.4 m/s²,大于 5.0 m/s² 的较少;水平振动多为 0.1～2.0 m/s²,很少大于 5 m/s²。不同舰艇的振动加速度值也不同。小型舰艇如快艇、高速护卫艇、高速炮艇的加速度峰值最大,中型舰艇如猎潜艇、扫雷艇次之,而大型舰艇如驱逐舰、护卫舰、登陆舰、训练舰和潜艇的加速度值最小。在正常航行条件下,快艇的垂向和水平向的加速度峰值为 1.5～29 m/s²,高速护卫艇为 0.7～43 m/s²,猎潜艇为 0.1～4.2 m/s²,扫雷艇为 0.4～6.0 m/s²,潜艇为 0.18～3 m/s²,护卫艇为 0.05～3 m/s²,驱逐舰为 0.01～3 m/s²。

(2)主机转速对舰艇振动加速度的影响。一般规律是振动的加速度值随主机转速提高而增加。对一艘护卫舰的测量结果表明,当主机转速分别为 480 r/min、940 r/min 和 1 150 r/min 时,集控室垂向加速度峰值分别为 0.48 m/s²、0.5 m/s²、0.79 m/s²;水平向加速度分别为 0.42 m/s²、0.49 m/s²、0.92 m/s²;士兵餐厅垂向加速度分别为 0.81 m/s²、0.85 m/s²、3.39 m/s²;水平向加速度分别为 0.16 m/s²、0.20 m/s²、0.56 m/s²;舵机舱底部垂向加速度分别为 1.56 m/s²、2.12 m/s²、8.47 m/s²。

(3)海况对舰艇振动频率和加速度的影响。当舰艇在平静的海面正常航行时,加速度值普遍较小。而在波涛撞击的情况下,进行应急操作航行时,加速度值明显增大。而且振动的频率范围比平静海面航行广泛。测量发现,随着海浪长度及高度的增加,振动加速度也相应增大。在 2～10 Hz 频率范围内,加速度随频率增加而增加,但在较高的频率段,加速度相对稳定。

三、人体对冲击振动的敏感频率

人体对振动的感觉可用振动频率和加速度来表征。人体对低频振动反应的主要现象是共振。因为,人体与其他结构一样,其整体和组成部分(器官、组织)都有其固有振动频率,当外界激振动频率与人体某部分的固有频率相同时,就会出现共振,此时人对此频率的振动特别敏感,容易引起明显的生理、心理反应,甚至出现病理改变。根据人体坐标系统,无论是坐姿、立姿还是卧姿,均有 3 个振动方向:头至脚方向(Z 轴)、胸至背方向(X 轴)及左右方向(Y 轴)。由此可见,人在舰船上处于坐姿或立姿时,垂向振动表现为 Z 轴,水平振动表现为 X 轴和 Y 轴;而卧姿时,垂向振动为 X 轴,水平振动为 Y 轴和 Z 轴。由于研究方法、实验条件、振动状态、人体姿势不同及个体差异,其有关人体各器官、组织的共振频率,文献报道不一致。

有研究指出,立姿时,垂向振动(Z 轴),人体出现 3 个共振峰。第一共振峰出现在 4～8 Hz 频段内,主要是由胸腔共振形成;第二共振峰出现在 10～12 Hz,是由腹部内脏共振所致;第三共振峰出现在 20～25 Hz。此外,在全身振动作用下,还会出现局部共振,脊柱的共振频率为 30 Hz,眼为 18～50 Hz,头部为 2～30 Hz,手为 30～40 Hz,上下颌为 6～8 Hz。水平(X 轴)振动,头部为 1～2 Hz,肩部为 1～3 Hz。

坐姿时,垂向振动(Z 轴),人体有 2 个共振峰,共振频率分别为 4～5 Hz 和 12～15 Hz。躯干的共振频率为 3～6 Hz,胸部为 4～6 Hz,肩部为 2～6 Hz,腹部为 47 Hz。

卧姿时,垂向振动(X 轴),全身的共振频率为 5～8 Hz,胸部为 6～12 Hz,腹部为 4～8 Hz,头部为 50～70 Hz,足部为 16～31 Hz。水平振动(Y 轴)足部为 0.8～3 Hz,腹部为 0.8～4 Hz,头部为 0.6～

4 Hz；水平振动（Z 轴），足部为 1～3 Hz，腹部为 1.56 Hz，头部为 1～4 Hz。

由上可见，人体全身和局部的共振频率主要在低频，基本都落在舰艇振动的主要频率范围。因此，舰艇振动将对人体造成较大影响，舰艇振动加速度是引起舰艇员出现不适反应的重要参数，加速度量级越大，人员的反应越强烈。英国船舶研究协会于 1977 年提出人体对振动加速度（峰值）的感受界限：轻度不适的感受值 1～10 Hz 为 0.13～0.28 m/s²，10～50 Hz 为 0.28～1.3 m/s²，50～100 Hz 为 1.3～2.5 m/s²；明显不适的感受值 1～10 Hz 为 0.4～0.6 m/s²，10～50 Hz 为 0.6～3.0 m/s²，50～100 Hz 为 3.0～5.5 m/s²。舰艇 4 种振动形态不可能单独出现，人对水平振动的反应比较敏感，其感觉比垂向振动提高一级，因此在舰艇中部居住区的反应比艉部敏感。但是由于舰艇左右的对称性，质量中心和刚度中心均在舰艇纵轴剖面内，故在纵向振动时，不伴有水平振动和扭转振动，而只伴有垂向弯曲振动，即垂向弯曲振动是与纵向振动互相耦合的；同样，水平振动与扭转振动也是互相耦合的，因此舰艇最常见的是垂向振动和水平振动。

四、冲击振动对人体的危害作用

人体的固有振动频率基本落在舰艇振动的主要频率范围内，当外界激振动频率与人体固有频率相同时，就会出现共振，容易引起艇员明显的生理、心理反应，甚至出现病理改变。

1. 振动对中枢神经系统的影响

主要表现在大脑的觉醒状态或觉醒水平的改变。研究发现，1～2 Hz 中等强度振动，可起到催眠作用，使人思睡；频率较高且不稳定的强烈振动，能提高人的觉醒水平，使人呈兴奋状态；17～25 Hz 的振动，可引起中枢神经系统共振，使人的觉醒状态、注意力、思维能力、精细操作能力等心理特征发生改变。振动刺激前庭神经和脊髓运动神经,可使视觉运动系统发生改变,从而加重振动的心理反应。强烈的舰艇振动,可引起舰员自主神经功能紊乱、注意力分散、反应时延长、焦虑、虚弱、头痛头晕、恶心呕吐、食欲不振和失眠等。

2. 振动对心血管功能的影响

人暴露于中等强度振动,初始阶段心率略有增加,但很快适应而趋正常;只有在 20 Hz 以下频率范围的强烈振动,才会引起明显的心率增加。振动可使多数人出现血管痉挛反射、小动脉收缩、血管运动功能障碍、外周血流量减少、血压升高等。长时间全身振动,可导致心肌缺血、窦性心动过缓、心电图 ST 段下移、心室高电压、后束支传导阻滞。

3. 振动对消化系统的影响

全身振动可使胃肠蠕动增加,收缩加强,胃液分泌功能发生障碍,慢性胃炎、溃疡病、胆囊炎等消化系统疾病的发病率上升。强烈的振动还可能引起胃肠道振伤,出现腹痛等症状。

4. 振动对呼吸系统的影响

振动对呼吸功能的影响,主要表现为呼吸频率、肺通气量和耗氧量的增加。振动还可使血液氧分压略有增高,而二氧化碳分压和血液酸碱度却没有改变。振动引起呼吸功能变化的症状主要为胸痛和呼吸表浅而频率加快。

5. 振动对肌肉骨骼关节的影响

振动作用可引起人体的肌肉群收缩。连续的振动作用,使静态肌肉群处于持续紧张状态,从而抑制或阻断正常的神经肌肉反射。引起肌肉反射性紧张的振动频率范围主要在 10~200 Hz。20 Hz 较强的振动,能在短时间内使膝反射消失。坐姿时,18 Hz 的振动可引起下肢腱反射减弱。强烈而长时间的振动可引起肌萎缩、肌张力下降,甚至引起骨骼损伤。8~20 Hz 的低频垂向全身振动可导致脊柱的病变,损伤的部位主要在胸椎和腰椎,病理变化的主要特征是椎间盘、椎关节及椎软骨出现永久性退行性变,脊柱侧凸和后移,椎弓断裂,椎体损伤等。

6. 振动对听觉、视觉、感觉等系统的影响

振动可通过骨传导引起内耳损伤,耳蜗螺旋神经节细胞萎缩,引起听力阈值偏移等听力损失现象。频率为 $16\sim31\ Hz$ 以及 $80\ Hz$ 的振动导致视敏度下降; $1.5\sim4.5\ Hz$、$3.5\sim5.0\ m/s^2$ 的振动,可使视觉分辨能力下降 30% 左右。振动作用于前庭器官感受器,可引起前庭壶腹纤维的退行性变,导致前庭功能异常。在全身振动作用下,前庭和内脏的反射,可引起自主神经功能障碍。运动病是航海中的常见病,主要由舰船的速度变化、多向振动加速度以及角速度同时反复作用所致,常见的症状有头胀、头痛、眩晕、面色苍白、出冷汗、恶心、呕吐、心慌、胸闷、厌食等。

7. 振动对作业工效的影响

振动可引起艇员广泛的生理、心理反应,对视敏感度和视辨功能的影响,必然会干扰视觉的信息接受功能,使艇员对表盘、荧屏信号的认读、辨别发生困难。在强烈的振动作用下,人体正常的神经-肌肉活动受到影响,体位不稳,头部定位困难,致使舰员瞭望凝视目标和精细的操作受到严重干扰。长期振动作用,艇员感到不适,产生厌烦情绪,精力不易集中,易出现疲劳,间接影响脑力作业。在持续冲击振动条件下的跟踪操纵效率比谐波振动条件下要低。此外,振动还影响人的发音功能,可使语言中断,讲话音量降低或出现震颤现象,严重影响正常语言通信的振动频率为 $4\sim10\ Hz$。振动引起工效的改变还受到人的内在因素如动机、兴趣、唤醒状态及作业熟练程度的影响。

第二章

潜艇艇员健康维护

第一节 潜艇艇员中医证候分类与保健

一、潜艇艇员中医证候分类

按中医证候分类,潜艇环境作业人员主要分为以下几类证候人群。

(1)水湿浸淫证。由于冒雨涉水、饮食不节、脾胃虚寒、脾虚湿困而致。

(2)肝郁化火证。由于情志不舒、恼怒伤肝,或因其他原因影响气机升发而致。

(3)肾精亏虚证。由于不能化气生血而致。

(4)脾胃虚寒证。由于脾阳虚导致胃部失去温煦而出现虚寒、水饮停滞而致。

(5)心脾两虚证。由于心脏血液不足、脾气不足而致,多与过度劳累、饮食因素、慢性失血有关。

(6)心胆气虚证。由于气血不足,心神失养所致。

(7)心火亢盛证。由于心神受扰、情志郁结或多食膏粱厚味及烟酒等,久而久之化热生火所致。

二、中医证候诊断依据

(1)水湿浸淫证表现为肢体水肿,下肢明显,按之没指,脉濡缓,苔滑腻等,身热不扬,身体困重,关节酸痛,四肢肌肉酸痛,腰背酸痛,食欲不振,腹胀,腹泻,水样便,小便短少,胸闷、纳呆、泛恶等。

(2)肝郁化火证表现为性情急躁易怒,胸闷胁胀,口干而苦,或嘈杂吞酸,大便秘结,头痛头晕,目赤,耳鸣,时而心烦懊恼,常难以入睡,睡则早醒;时而手足汗出,可伴食欲不振或饥不欲食,偶恶心呕吐及泛酸;偶感胁肋隐隐作痛;小便黄赤,大便正常,舌红苔黄,脉弦数等。

(3)肾精亏虚证表现为耳鸣或耳聋,多兼眩晕,腰膝酸软,颧赤口干,手足心热,遗精盗汗等,发落齿枯,多尿或不禁,听力减退下利清谷或五更泄泻,腰膝酸冷,关节酸痛。夜尿增多,性功能下降,气短无力。偏于阴虚者,五心烦热,舌质红,脉弦细数。偏于阳虚者,四肢不温,形寒肢冷,舌质淡,脉沉细无力。

(4)脾胃虚寒证表现为少气懒言,时感乏力,健忘嗜睡,腹部冷痛,食欲不振,食后脘闷不适或腹胀嗳气频频,胃隐隐胀痛,喜温喜按,偶有腹泻,口不渴,小便正常,四肢皮温良凉,自觉怕冷,四肢倦怠,舌体肥大、边有齿痕、舌色淡红,苔腻,脉沉无力等。

(5)心脾两虚证表现为乏力,少气懒言,健忘嗜睡,失眠多梦、早醒,自汗,食欲不振,胃隐痛,喜揉按,偶腹胀,便溏,神思恍惚,心慌心悸易惊,梦扰纷纭,肢体困倦,面色萎黄或苍白,喜悲欲哭,大便溏薄,舌质淡胖,苔薄白,脉细无力。

(6)心胆气虚证表现为不寐多梦,心悸不宁、善恐易惊,胆怯心悸,气短倦怠,自汗,常伴有头痛、腹胀、肢体麻木等症,舌质淡,脉弦细等。

（7）心火亢盛证表现为不寐，心烦，口干，舌燥，口舌生疮，小便短赤，舌尖红，苔薄黄，脉数有力或细数等。

三、各证的自查和保健建议

（1）水湿浸淫证表现为晨起时感觉头身困重，精神倦怠，舌苔厚腻，污秽不净或舌体胖大，舌边有齿痕，看大便不成形，排便不爽等。若是说明体内有湿气，可予以就诊，饮食与药物协助调理化湿。而长期浸淫于水下工作，足胫部按压凹陷或周身皮肤肿胀，可能与过久时间浸泡于水湿环境有关，建议工作时尽量多活动，不时更换姿势，尽量勿长期站立或静坐。若水肿无法消退，建议及时就诊问医。此外，在生活中应注意以下细节：如尽量避免汗出当风，尽量洗浴或水下工作后，立即将身上水滴擦拭干净，最好烘干。饮食上注意少吃肥甘厚腻等助湿之品，多吃点化湿之物如高粱、玉米、薏苡仁、水芹、扁豆、冬瓜、鲫鱼等。

（2）肝郁化火证为肝气郁结之证，多由情志抑郁、气机阻滞所致。肝有疏泄功能，喜升发舒畅，如因情志不舒，恼怒伤肝，或因其他原因影响气机升发和疏泄，就会引起肝郁的病症。其表现主要有两胁胀满或窜痛，胸闷不舒，且胁痛常随情绪变化而增减。肝气上逆于咽喉，使咽中似有异物梗阻的感觉；肝气横逆，侵犯脾胃，胃失和降而脘痛、呕逆、吐酸水、饮食不节；脾气失和就发生腹痛、腹泻。肝气郁结而致气滞血瘀，则胁部刺痛不移，或逐渐产生症瘕积聚。此外，如月经不调、神经官能症、慢性肝胆疾患、肝脾肿大、消化不良等病症也常和肝气郁结有关。注意平时饮食要清淡，少吃煎炸的食物。重要的是保持心情舒畅，不要过于劳累。多举行各种陶冶情操的活动，如图书展览会等，建议长期开展体育活动，可定期开展心理咨询活动。

（3）肾精亏虚证通常表现为眩晕耳鸣，腰膝酸软，性功能减退，男子精少，过早衰老，神疲健忘，舌淡苔少，脉沉细等多种病状。可见齿摇松动、耳鸣耳聋、健忘痴呆、骨质疏松等。肾精亏虚是中医说法，并不是说肾实质有病变，平时应注意劳逸结合，保持心情舒畅，规律作息，饮食方面可以食补枸杞、山药、核桃等。

（4）脾胃虚寒证表现为胃痛隐隐，绵绵不休，冷痛不适，喜温喜按，空腹痛甚，得食则缓，劳累或食冷或受凉后疼痛发作或加重。泛吐清水，食少，神疲乏力，手足不温，大便溏薄，腹胀纳少，腹满时减，腹痛喜温喜按，口泛清水，大便溏薄清稀，四肢不温，或肢体困重，或周身水肿，小便不利，或白带量多质稀，小腹下坠，腰腹酸沉。舌淡胖，苔白滑，脉沉迟无力等。可多食用具有健脾补气、温暖肠胃及祛寒作用的食物，如籼米、羊肉、鸡肉、牛肚、猪肚、鲢鱼、草鱼、荔枝、辣椒、韭菜、茴香菜、芥菜、肉桂、干姜、生姜、花椒、胡椒、小茴香、白蔻、红糖等。少吃那些性质寒凉、易损伤脾胃阳气的食物，如荞麦、莜麦、绿豆、豆腐、菠菜、空心菜、茄子、黑木耳、金针菜、莴苣、冬瓜、芹菜、苋菜、茭白、黄瓜、苦瓜、西瓜、柿子、香蕉、枇杷、梨、桃子等。建议多吃些含高蛋白质及高维生素的食物，保证机体的各种营养素充足，防止贫血和营养不良。对贫血和营养不良者，应在饮食中增加富含蛋白质和血红素铁的食物，如瘦肉、鸡、鱼、肝、腰等内脏。高维生素的食物有深色的新鲜蔬菜及水果，如绿叶蔬菜、西红柿、茄子、红枣等。

（5）心脾两虚证多表现为乏力，少气懒言，健忘嗜睡，多梦早醒，自汗，食欲不振，胃隐痛，喜揉按，偶腹胀，神思恍惚，心悸易惊，梦扰纷纭，肢体困倦，面色萎黄或苍白，喜悲欲哭，大便溏薄等。多因思虑多度而致，心脾两脏病变是相互影响的。因心而影响脾的，见症以心悸、怔忡、失眠多梦、健忘等心经症状为主。因脾而影响心的则以食少腹胀、便溏乏力等脾虚症状为主。因此，建议日常生活中保持情绪稳定，平和心态。多食用小麦、小米、龙眼肉、莲子、猪心、百合、牛奶等养心安神之物。

（6）心胆气虚证表现为不寐多梦，善恐易惊，胆怯心悸，气短倦怠，自汗，舌质淡，脉弦细等。常有饱受惊吓、情绪紧张的经历，常可见失眠多梦，易于惊醒，醒后心中惕惕然。神疲体倦，自汗，气短。平日里注意心理素质的培养，学会正确认识事物、多与人交流沟通。饮食方面建议食用小麦、小米、龙眼肉、莲子、猪心、百合、牛奶等养心安神之物。必要时，建议服用安神定志丸等定志安神之品。

（7）心火亢盛证常表现为失眠、心烦、口干、舌燥、口舌生疮、小便短赤、舌尖红、苔薄黄、脉数有力，甚或口舌生疮、溃烂疼痛；或见小便短赤、灼热涩痛；或见吐血、衄血；或见狂躁谵语、神志不清等。生活中要注意劳逸结合，饮食上要注意多吃含维生素的蔬菜水果，多喝水，少喝酸甜饮料，少吃辛辣煎炸食品，少抽烟喝酒。上火和心理状态也有密不可分的关系，保持乐观积极的生活态度其实是人们最好的"灭火剂"。推荐食用莲子汤等降心火食品，或自备黄连上清片、三黄片等降火药。

第二节　潜艇艇员综合保健

一、精神调养

中医认为，人有喜、怒、忧、思、悲、恐、惊的情志变化，亦称"七情"，其中怒、喜、思、忧、恐为五志，五志与五脏有着密切的关系。《内经》有"怒伤肝，悲胜怒""喜伤心，恐胜喜""思伤脾，怒胜思""忧伤肺，喜胜忧""恐伤肾，思胜悲"等理论情志调摄对于防病祛疾、益寿延年有着不可低估的微妙作用，被历代医家重视。异常的情志活动可使情绪失控而导致神经系统功能失调,引起人体内阴阳紊乱,从而出现百病丛生、早衰,甚至短寿的后果,调节异常情志的方法有节制法、宣泄法、转移法、情志相胜法等,以下是几点建议。

（一）加强人员心理训练和自我修养,提高自我调控能力

首先,要学会调控自己的情绪。既要学会制怒,又要学会解忧排愁。做到当喜则喜,喜而不狂;当忧则忧,忧而不郁;当悲则悲,悲而不伤。其次,加强思想道德修养,培养高尚的道德情操,古人说:"养生莫若养性,养性莫若养德"。所谓养德,就是注重思想道德修养。只有宽宏大度、襟怀坦白,才能胸襟开阔、开朗乐观、心旷神怡、精神充实;只有淡泊名利,才能正确对待名利得失,不为个人私利所累,不为无谓琐事所烦,避免整天牢骚满腹,怨天尤人。再次,加强心理训练,保持良好的心态,增强应对压力的综合能力,学会放松,善于让自己从紧张疲劳中解脱出来,从容不迫地处理在工作、学习和人际关系中遇到的各种问题。

（二）学会移情、宣泄和找乐,实现心理平衡

当情绪郁闷、苦恼时,或情绪激动与人争吵时,切不可闭门独自忧思,最好的方法就是转移注意力,例如到室外打球、散步,通过躯体运动来转移消极心境,使不良情绪在运动中消失;向家人和挚友倾诉来宣泄情感。

（三）心理治疗

设置常规的心理咨询机构,当个人遇到严重的心理障碍,处在亚健康状态不能自拔时,应求助心理医生。通过心理治疗,改变不良心理状态,消除各种心理生理障碍,促使亚健康状态向健康状态回归和转化。

综上所述,应注重人员精神方面的调养,让潜艇环境作业人员充分认识到良好情志调养对于健康体魄的重要性,积极引导艇员日常生活中正确精神调养方法,措施包括定期开展有关个人精神调养、心理疏导方面的文化活动、设立专业的心理咨询机构等。

二、运动调理

定期积极开展体育运动,构建良好运动文化,积极宣传正确的运动内涵与方法。运动养生三大要领:意守,调息,动形。关键是意守,精神专注,才能呼吸均匀,引导气血周流全身,内炼精神,外练筋骨四肢,内外和谐,经络畅通,气血调和,使机体达到全面的锻炼,呼出气中的二氧化碳如不及时消除,其蓄积可造成不能耐受的浓度。

从中医观点看,静则养神,动则养身。其实从辩证法的观点看,动与静是一个平衡协调的关系,"四分动,六分静"才是最佳的养生之法。具体运作就要因时制宜、因地制宜、因人制宜,不能强求一致。活动的内容丰富多彩,如太极拳、五禽戏、舞刀、舞棍、舞枪、舞剑、琴、棋、书、画、游泳、跳舞、唱歌,等等。根据自己的爱好兴趣、环境条件和现有体质的实际出发,选择最适合自己的活动项目。不管选择哪个活动项目,贵在坚持,坚持才有效果,坚持才能达到强身健体、祛病延年的目的。

三、出航期间饮食与营养保障

(一)艇员海上饮食的特点

潜艇在海上执行任务时,艇员需长时间在高温、潮湿、噪声以及风浪颠簸等环境下工作,体力消耗大,不易恢复,这样对艇员的饮食和营养要求就很高。然而,艇员出航饮食是集体供餐食品,有的艇员偏食,喜食动物性食物,蔬菜、水果和牛奶摄入量少,艇员就容易发生某些营养素摄入不足。艇员在海上普遍存在着耐力差、疲劳、头昏、失眠、恶心、呕吐、脱发、食欲不振、精神倦怠等症状,缺钙、缺维生素的情况也比较普遍。为改善以上状况,要求潜艇出航集体食品必须具备营养素全面、品种多样、耐保存、体积小、开启食用方便、废弃物少,促进食欲,提高耐力、免疫力,抗小剂量电离辐射和补钙等特殊功能。

(二) 艇员海上饮食的营养保障

艇员的饮食营养与健康有直接关系,许多疾病的根源在于营养。在潜艇密闭环境中,食品与营养显得更为重要。营养不良引起艇员工作效率的降低对舰艇和艇员的安全会造成不利影响。如维生素 A 的严重缺乏会影响艇员的夜视能力;脂肪和糖的过量摄入会导致艇员体重增加,反应迟钝,动作不迅速;糖的摄入过多还可使艇员广泛发生龋齿;食盐的过量摄入会引起高血压。研究表明,肥胖症、糖尿病、结肠癌、消化性溃疡、动脉粥样硬化等病症在海军中发病率较高,都可能与高能量膳食和脂肪及精制糖摄入过多有关。为保证艇员的营养,潜艇出航集体食品一般采取以下保证措施:一是保证食品供应充足、品种多样;二是提高食品的接受性、连食性;三是保证食品的质量;四是饮食结构合理、饮食营养平衡。

(三) 艇员海上饮食的保障模式

简单地说,潜艇出航饮食保障模式就是"成品食品＋保鲜蔬菜";成品食品以"常温集体食品、冷冻调理集体食品、速冻主食"为主,"干食品、马口铁罐头食品"为辅,组成的一系列食品的总称;保鲜蔬菜以"叶菜、果菜、根茎菜"按保鲜期长短分别贮藏,组成的一系列蔬菜的总称。潜艇出航饮食保障模式,一日三餐厨房每天严格按指导食谱配餐,完全能满足艇员在出海期间膳食营养需求。

(1) 含气调理集体食品。采用国内外先进的含气调理和逐步杀菌技术加工制成,食品原料经减菌化处理和预加工后装入铝箔袋,经抽真空后充入适量氮气热合密封后,采用多阶段升温方式灭菌处理,有效降低杀菌温度和强度,减少了食品风味损失,相比传统方式杀菌的马口铁罐头,口味更接近新鲜菜肴。该食品每袋内容物净重为1 000 g,加热即可食用,废弃物易处理,产生的垃圾量小,在常温条件下保质期为1~2年。

(2) 冷冻调理集体食品。冷冻软包装集体食品学名为"冷冻调理食品",是指以农产、畜产、水产品等为主要原料,经前处理、科学配料、烹调、冷却、装袋和真空封口后,采用速冻工艺,并在冻结状态下(产品中心温度在−18℃以下)储存、运输和销售的包装食品。食品经过低温(−45℃)速冻处理,尽快通过−5~−1℃的最大冰晶生成带和0~4℃的淀粉老化温度带,在45分钟内使食品中心温度达到−18℃,避免在细胞之间生成大的冰晶体,减少细胞内水分外泄,解冻时汁液流失少;既能最大限度地保持食品本身的色泽风味及营养成分,又能有效地抑制微生物的活动,保证食用安全;其品质优于常温软包装集体食品,但贮藏和运输条件相对较高。采用耐高温、安全卫生的复合薄膜袋包装,内容物含量为800~1 000 g,加热即可使用,废弃物易处理,产生的垃圾量小。贮藏期:在冷冻温度−18℃以下,贮藏期为6~12个月。因此,该食品被称为冷冻软包装集体食品,目前作为舰艇出航时艇员集体食用的主要副食菜肴。

冷冻调理集体食品的主要保障模式为自主生产供应,建立了全封闭、车间降温、空气净化,人流物流分行,加工布局合理,具有加工和贮藏配送的现代化冷冻调理食品生产线及配送中心的潜艇出航食品岸基加工平台。

（3）生鲜食品保鲜。生鲜食品在艇员的日常饮食中是不可缺少的，尤其是新鲜蔬菜，如何在出航期间保证艇员饮食中的生鲜食品摄入，要从生鲜食品保鲜做起。舰艇离港后需要在海上连续进行长时间的航行，短则十多天，长则数十天甚至几个月。为了向艇员提供足够的生鲜食品，在设计建造时，每艘舰艇均设置有冷藏及冷冻库。冷库按食品种类分为鱼肉库、蔬菜库、乳品库、粮食库，通过制冷装置使各个库保持在不同的低温条件下进行贮存，这种食品贮存方式在目前舰艇上使用较为普遍，可基本满足艇员的生活需要，但存在许多不足，部分食品特别是果蔬及冷鲜肉的保存期较短，难以满足整个航程的需要；舰艇可根据每所舰艇实际情况采用冷藏保鲜技术、气调、减压保鲜及新型的保鲜包装材料技术等。

新型的保鲜包装材料技术主要是指通过对食品外包装材料性能的改变，从而达到既能抑菌、延长食品保鲜期，又能达到生物降解等环保功能性材料。技术上应用冻结 TTT（Time，Temperature，Tolerance）理论，创新性地建立了薄膜的温度、时间与化学性能、力学性能和降解性能关键技术指标，既能满足包装高水分、高呼吸的叶菜，又能满足抑制呼吸、保持水分、延长保鲜期的关键技术指标，达到保鲜期，同时保鲜袋在废弃时能降解成二氧化碳和水的基本理论；解决了薄膜材料食品卫生安全、环境性能稳定、具有热封性、阻隔性和良好的透气、透湿性，保鲜膜降解性能效果明显。

（四）制订科学规范的出航食谱

确保艇员身体健康的重点是出航食谱的制订，以便向艇员提供食物构成合理，营养丰富，脂肪、胆固醇和钠含量低的健康饮食。依据军人食物定量标准和军人营养素供给量标准，制订适合艇员饮食习惯的理想食谱。"核潜艇出航指导食谱"是经专家研究论证、部队验证、营养分析而制订的，三大营养素构成比较合理，在潜艇出航时，可根据大多数出航艇员的饮食习惯,在原基础上对食谱中的食品的口味做适当调整,食品品种的荤素比例不宜做太大的调整。制作食谱时,既要有丰富的想象力,又要注重食品花色的多样性,同时要兼顾艇员的口味和爱好,需供应多种艇员可选择的主食、主菜和汤,增加饮食的接受性;必须避免食用每周循环期短的单调食谱。

夜宵的供应对鼓舞艇员的士气有重要作用。由于潜艇具有特殊的值更制度,必须在规定的每日基本伙食津贴范围内制订夜宵食谱,提供良好的夜宵服务。

(五) 艇员每天确保吃一个鸡蛋

鸡蛋含有丰富的营养,据报道鸡蛋是"人类理想的营养库",营养学家则称它为"完全蛋白质的模式"。无论是出生几个月的婴儿还是老人,人们总忘不了通过吃鸡蛋补充营养,鸡蛋在潜艇出航条件下已不是什么奢侈品,但从营养学意义上确实是高档品,这主要取决于它的营养价值。鸡蛋含有12.1%的蛋白质,10.5%的脂肪,含有丰富的维生素 C 以外的几乎所有的维生素和无机盐。鸡蛋的蛋白质含量并不比其他肉类食品高,但其蛋白质为卵白蛋白和卵球蛋白,是完全蛋白质,含有人体所必需的 8 种氨基酸,与人体蛋白质的组成极为相近,消化吸收率达98%以上,人体蛋白质生理价值高达 94,所谓蛋白质生理价值是指进入人体蛋白质的保留量和吸收量的百分比。食物蛋白生理价值的高低,取决于其氨基酸的组成,食物蛋白质中所含氨基酸的种类和数量越接近人体的需要,其蛋白质的生理价值越高。蛋白质生理价值高的蛋白质为优质蛋白,衡量食物中所含蛋白质的营养价值,主要是通过所有食物蛋白质中生理价值来体现。例如人机体对牛奶的蛋白质生理价值仅为 85、牛肉为 76、猪肉为 74。蛋黄中脂肪含量为 11%~15%,鸡蛋中不饱和脂肪酸含量较高,脂肪的熔点低,易被人体消化吸收,鸡蛋中还含有卵磷脂和较高的胆固醇,每个鸡蛋含胆固醇 200～300 mg,卵磷脂和胆固醇对人体的神经系统和生长发育有重要作用。鸡蛋中钙、磷、铁无机盐含量较高,蛋黄中无机盐含量比蛋白质高,每 100 g 蛋黄含铁 7.0 mg,比蛋白质含量多。维生素集中于蛋黄中,每 100 g 蛋黄含维生素 A 3 500 U,维生素 B_2 0.35 mg,维生素 B_1 0.27 mg,以及维生素 D 和烟酸等。所以说,鸡蛋的营养最全面,艇员每人每天可吃 1～2 个鸡蛋,以满足人体的营养需要。

(六) 艇员每天喝一杯牛奶

潜艇出航条件下艇员每天喝一杯牛奶完全能保障。牛奶除含丰富的优质蛋白质和维生素外,其含钙量也较高(1 mL 牛奶含 1 mg 钙),且利用率也很高,是天然钙质的极好来源。常喝牛奶是补钙的最佳方式。艇员必须养成喝牛奶的习惯,努力做到一生不断"奶",有些人饮奶后有不同程度的肠胃道不适,可以试用酸奶或其他奶制品。

(七) 艇员应严格遵守每天规律饮食

艇员每人每餐热量的摄入量应达到 3 690～3 710 kcal,三大营养素要搭配合理,每人每餐热量分配占总热量的百分比分别为蛋白质 13.5%～17.5%,脂肪 23.0%～26.0%,糖类 58.0%～60.0%;符合舰艇人员每人每日膳食中营养素供给量标准。艇员按照出航指导食谱每天有规律饮食,对健康是有利的,不存在营养素缺乏症;特别是机体蛋白质营养状况,主要通过分析血清中所含有的蛋白质水平来评价机体蛋白质营养状况,出航期间艇员的蛋白质摄入量是完全足够的。但是,艇员营养过剩和"富裕型疾病"存在的比例较高,建议三酰甘油和尿酸偏高的艇员要严格控制能量、主食和肉类的摄入量。

(八) 艇员应严格遵守平衡膳食原则

潜艇特殊环境下的饮食更要注重平衡膳食,平衡膳食也就是合理膳食,是指一日三餐所提供的营养能满足人体的生长发育和各种生理、体力活动的需要。艇员出航或在基地训练时,必须严格遵守平衡膳食原则,合理科学的饮食应该是日常生活的重要内容。中国营养学会提出的 10 条建议,可以供艇员在作战训练和日常生活中参考:①食物多样,谷类为主,粗细搭配;②多吃蔬菜水果和薯类;③每天吃奶类、大豆或其制品;④经常吃适量的鱼、禽、蛋、瘦肉;⑤减少烹调油用量,吃清淡少盐膳食;⑥食不过量,天天运动,保持健康体重;⑦三餐分配要合理,零食要适当;⑧每天足量饮水,合理选择饮料;⑨如饮酒应限量;⑩吃新鲜卫生的食物。

(九) 艇员应注重膳食纤维素摄入

在特殊环境下,大部分艇员膳食纤维素摄入都不足。膳食纤维素是指能在人体小肠消化吸收、在人体大肠能部分或全部发酵的可食用性植物成分、糖类及其类似物质的总和。它可分为不溶性纤维和可溶性纤维。可溶性纤维是指能溶于水,在水中形成凝胶体,又可吸水膨胀,能被大肠中微生物酵解的一类纤维,如多糖等,主要存在于豆类、水果和一些绿色蔬菜中。反之,不溶性纤维就是既不能溶解于水又不能被大肠中微生物酵解的一类纤维,常存在于植物的根、茎、干、叶中。

膳食纤维对人体具有重要的生理作用,是预防高血压、冠心病、肥胖症等的重要食物成分,被称为第 7 类营养素。

(十) 出航前必须制订科学的食品装载计划

科学装载,是指严格按照"出航饮食保障办法和指导食谱"规定的每人每天食用的食物品种和食物定量而制订的装载计划,避免潜艇出航期间装载量和消耗量不匹配,减少食物的浪费、节省经费,增加食品的花色品种,确保饮食品种的多样化,能有效地组织科学合理的饮食结构和平衡的膳食,确保食谱提供充足能量和合理营养,保持艇员全面平衡的营养摄入;避免艇员在长航特殊环境下出现营养不平衡,防止营养摄入不足或营养摄入过剩等问题。

四、平时饮食保障

潜艇要进一步加强对艇员日常饮食的重视,提供科学合理的饮食。饮食是维持人体生命活动的主要物质。人体生理活动所必需的营养物质都来源于饮食,饮食与人类的健康密切相关。科学合理的饮食应该是日常生活的重要内容。饮食养生的原则:①全面膳食。饮食多样化,食谱广泛,各类食物合理搭配。②饮食有节。定时定量,不偏食,不挑食。③因人择食。根据年龄、性别、体质不同而选择食物。④因时择食。根据季节气候特点而选择食物。其中同样贯穿着"阴阳平衡"的指导思想。如素体阴虚者,容易生热,表现为心烦、失眠、多梦、盗汗等,饮食方面就应多吃点龟、鳖、墨鱼等补阴之品,补阴则可降火(虚火);素体阳虚者,容易生寒,表现为畏寒肢冷、腰膝冷痛、夜尿多、阳事不举等,食疗方面就应多吃些羊肉等温热之品,旨在回阳祛寒。

(一)结合个人身体营养状况的膳食

餐厅应根据艇员营养状况提供合理营养膳食,通过体格检查或膳食营养调查,了解其营养情况,评估艇员是否存在超重、肥胖或体重过低及有无脂肪肝,有无血压、血脂、血糖异常等情况,然后根据具体的营养状况和活动量确定能量及营养素的供给。原则上,控制总能量和脂肪的摄入,糖类以淀粉类为主,蛋白质供给以优质蛋白质为主,多供给乳类、豆类及鱼类食品,适当增加膳食纤维及多糖类物质的摄入,适当补充钙、铁、锌等微量元素及维生素,做到荤素搭配、粗细搭配。餐厅每周提供多种蔬菜可供艇员选择，主食宜丰富，如红薯、玉米、毛豆、芋头、南瓜等。

（二）结合个人生活特点的膳食

依据艇员的饮食习惯，尽量按照艇员的口味、偏好等制订个性化食谱，合理烹饪，确保营养素的供给及有效地吸收。按照能量交换原则，在无禁忌证的前提下，适当供应本地特色食品，如增加虾类、贝类等海鲜及本地时令蔬菜水果的供应，满足艇员对本地特产的需求，尽量使艇员饮食种类丰富。

（三）根据季节变化给予养生饮食

春天多食绿色花叶类食物，夏季多食红色食物，长夏多食黄色食物，秋天多食白色食物，冬季多食黑色食物。餐厅每周为军队士兵安排的食谱尽量齐全，营养合理。可提供由多样化的食品组成的带馅食品，如包子、饺子、馄饨等，既能防止食物品种单调，还含有大量纤维素，有促进胃肠蠕动的作用，对通便、降血脂和血糖，防治动脉硬化及预防癌症都有益处。

（四）饮食环境与文化的构建

干净舒适的就餐环境，餐厅宽敞明亮，餐桌椅、餐具干净；规范周到的餐饮服务，可设有欢迎宴、欢送宴及生日宴，为艇员提供全方位的人性化餐饮服务；特色饮食健康教育为官兵进行饮食教育指导，帮助士兵建立科学的生活方式和膳食结构，改善其生活质量。

五、艇员营养不足或营养缺乏症防治

人体如果从食物中获取的营养元素长期不能满足机体的需要，

就会发生营养不足或营养缺乏症。

（一）营养不足的症状与所缺营养元素

引起某一临床疾病的原因可能不止一种，下面列举的临床症状可能与某些营养素的摄入量不足有关。消瘦和发育不良可能由热量、蛋白质、维生素和锌供给不足引起的。贫血可能是由蛋白质、铁、叶酸、维生素 B_{12}、维生素 B_6、维生素 C 供给不足引起的。皮肤毛囊角化症可能缺乏维生素 A；皮炎，缺乏维生素 PP；脂溢性皮炎，缺乏核黄素；皮下出血，缺乏维生素 C 和维生素 K。口唇炎、口角炎和口角裂缺乏维生素 PP 和核黄素。眼角膜干燥、夜盲，缺乏维生素 A；眼角膜边缘充血，缺乏核黄素。舌炎、舌猩红和地图舌，缺乏维生素 PP、核黄素和维生素 B_{12}；舌水肿，缺乏维生素 PP 和核黄素。口内炎，缺乏维生素 PP、维生素 B_{12} 和核黄素。牙龈炎和牙龈出血，缺乏维生素 C。鸡胸、O 形腿、X 形腿和骨质软化病，缺乏钙、维生素 D 和维生素 C。多发性神经炎、球后神经炎，缺乏硫胺素；中枢神经系统失调，缺乏维生素 B_{12} 和维生素 B_6。水肿，缺乏硫胺素和蛋白质。右心室肥大、舒张压下降，缺乏维生素 B_1。甲状腺肿大，缺乏碘。

（二）三大营养素摄入量不足

蛋白质、脂肪、糖类是产热能营养素，具有重要的营养生理功能，若膳食中提供的量长期不足，就会出现全身性营养不良、贫血的症状。

蛋白质。由于蛋白质在人体中具有极为重要的生理功能，所以膳食中蛋白质摄入量不足或优质蛋白质的含量过低，就会引起全身性营养不良，造成贫血和水肿，年轻艇员生长发育受阻、体重不足、精神不集中、对疾病的抵抗能力下降。

脂肪。脂肪是人体重要的能源来源，也是必需脂肪酸的来源和脂溶性维生素的载体,是人体多种组织的重要组成部分。因此,膳食脂肪必须占一定比例,缺乏脂肪会引起体力不足、持久性下降、蛋白质消耗增加、畏寒、易饥饿、智力下降等。缺乏必需脂肪酸还会影响胆固醇在体内的运转,引起动脉粥样硬化。

糖类。糖类是人体内最重要的能源物质和某些组织的重要组成。供给不足会严重影响热能的供给,导致人体消耗过多的脂肪而引起"酮症"现象,迫使机体氧化蛋白质来提供能量,引起人体消瘦,抵抗力下降。食物纤维属于不能消化的,但若摄入量不足则不利于肠壁的蠕动,易引起便秘等症状。

(三) 无机盐缺乏症

无机盐是构成机体组织和维持正常生理功能所必需的。无机盐的种类很多,缺乏任何一种人体必需的无机盐元素,都不利于人体的健康,甚至会引起严重的病症。

缺钙。食物中钙的含量并不少,但影响钙吸收的因素很多,如谷物中的植酸、有些蔬菜中的草酸,都会与钙结合而影响食物中钙的吸收,维生素 D 的摄入量不足,也严重影响钙的吸收。艇员经长航后易造成缺钙,返航后膳食中要注意补钙。成年人,尤其是老年人缺钙则容易患骨质软化症和骨质疏松症。

缺铁。人体缺铁的主要原因是食物中铁的利用率很低,尤其是植物性食品铁的利用率更低;动物性食品中血红蛋白的铁的利用率最高,达到 25%,肝脏为 22%,鱼肉为 11%。所以缺铁症是人类最普遍的营养元素缺乏症之一,以植物性食品为主的膳食结构,缺铁的现象则更为普遍。

缺碘。人体中的碘主要通过饮水、食物及食盐中获得,在远离海洋的内陆山区,土壤、水、空气和食物中的含碘量较低,所以容易造成地方性缺碘。碘是甲状腺激素的重要组成部分,缺碘会使甲状腺素合成困难,从而引起甲状腺代偿性肿大,患者精神疲惫、四肢乏力。

缺锌。引起人体缺锌的原因主要是锌的摄入量不足和膳食纤维太多,影响锌的吸收。人体缺锌会引起食欲不振、性发育不良、味觉减退、创伤愈合不良及肢皮炎。

(四) 维生素缺乏症

人体所需的各种维生素的量虽然很少,但一旦缺乏就会发生各种病症。

维生素 A。人体从膳食中摄取的维生素 A 和胡萝卜素若长期不足,人体首先会出现视觉暗适应功能下降和夜盲症,还会影响骨骼的正常发育和机体的正常生长。

维生素 D。骨骼的形成依赖于钙、磷的吸收和沉积,而钙、磷的吸收又离不开维生素 D,成年人缺乏维生素 D 会引起骨质软化病和骨质疏松症。人体缺乏维生素 D 的主要原因是膳食中维生素 D 的含量不足。植物油或酵母所含的麦角固醇是不被人体吸收的,但在日光的照射下,可转变为能被人体吸收的维生素 D_2。人体的胆固醇在月光的照射下可转变为维生素 D_3。因此长期不见光,也容易造成维生素 D 的缺乏。

维生素 E。维生素 E 在人体中具有重要的生理功能,长期缺乏会导致大细胞性溶血性贫血、肌肉萎缩、脂褐质在脂肪组织中蓄积。人体缺乏维生素 E 的主要原因是膳食中摄入量不足。此外,膳食中多不饱和酸的代谢与维生素 E 的关系也很密切,前者在膳食中的含量增多时,维生素 E 的供给量需要增加,否则长期供给不足也会造成维生素 E 缺乏。

维生素 K。维生素 K 是凝血酶原形成所必需的成分,具有止血功能。因此若缺乏维生素 K,由于血液不易凝固,会延长出血时间。

维生素 B_1。缺乏维生素 B_1 的主要原因是长期食用研磨过分精细的大米和面粉,缺乏摄入杂粮和多种副食品的补充。缺乏维生素 B_1 的主要症状是脚气病,患者最初感到两腿麻木、体弱及疲倦,然后出现头痛、失眠、眩晕、食欲不佳、心率加速、乏力、消瘦及瘫痪。

维生素 B_2。以植物性食品为主的膳食,维生素 B_2 含量低,人体长期摄入量不足可引起一系列症状,比较常见的是发生口角炎、唇炎和舌炎。

尼克酸。尼克酸(又称烟酸、维生素 PP、维生素 B_3)缺乏症主要发生在以玉米为主食而又缺乏适当副食品的地区。人体缺乏尼克酸会导致癞皮病,患者的典型症状是皮炎。

维生素 B_6。维生素 B_6 的分布很广泛,许多食物都含有维生素 B_6,一般情况下不会缺乏。但在某些特殊情况下,如受电离辐射或长时间在高温环境中,有可能出现维生素 B_6 的缺乏。人体缺乏维生素 B_6 可能会出现外周神经炎等。

叶酸。叶酸属 B 族维生素,也称维生素 B_{11},主要存在动物肝脏和绿色蔬菜中,人体缺乏叶酸主要是肠道吸收不好造成的,叶酸是动物生长及生血作用所必需的因子,因此缺乏叶酸会发生巨红细胞性贫血,也会导致舌炎和胃肠道紊乱。

维生素 C。许多蔬菜、水果都含有维生素 C,膳食中有足够量的新鲜蔬菜,平时经常吃水果,维生素 C 就不会缺乏。但维生素 C 的稳定性较差,在空气中容易氧化,在烹饪加工中损失比较严重,而人体的需求量又较大,因此维生素 C 也是人体经常缺乏的一种元素。

人体缺乏维生素 C 可出现倦怠、乏力、食欲不佳、精神抑郁、抵抗力低下,严重缺乏维生素 C 可引起坏血病。

(五) 膳食纤维功能

膳食纤维是食物中不能被人体消化酶分解的多糖的总称,包括不可溶性纤维(纤维素、半纤维素)、可溶性纤维(能溶于水并吸水膨胀,能被肠道微生物丛酵解)和木质素(多聚苯丙烷化合物,是使植物木质化的物质,刺激肠道蠕动)。因其特殊生理作用,营养学上将它作为重要的营养物质。

膳食纤维的功能包括:①润肠通便;②排除体内毒素,促进双歧杆菌增殖;③调控血糖、防治糖尿病;④调节血脂、降低胆固醇、防治心血管病和高血压;⑤控制体重。

其中蔬菜类中辣椒、笋干、菜花、菠菜、南瓜、白菜、油菜的纤维素含量较高,豆类中黄豆、青豆、绿豆、豌豆、红小豆等纤维素含量为6%～15%,谷物类中玉米、高粱米、黑米也含有4%～10%的纤维素。此外,香菇、银耳、紫菜的纤维素含量也达到了20%。

六、具有中医特色的健康风险管理

健康管理是指对个人或群体的健康进行全面监测、分析、评估、提供健康咨询和指导以及对健康危险因素进行干预的全过程。健康管理内容包括健康档案管理、健康体检管理、亚健康管理、健康知识管理、医疗信息管理、健康管理工作流程(数据采集、建立健康档案、健康评估、健康方案、跟踪执行、评估调整)。

中医学在人体健康计划改善方面有其独特的思想和方法,具有以下三个特点:一是把顺应四时作为养生的重要原则,按照一年四季气候阴阳变化的规律和特点进行调养,强调"顺四时而适寒暑",提出"春夏养阳,秋冬养阴"的养生原则;二是把精神情志的调摄作为养生的重要措施;三是重视保养正气在养生中的主导作用,"正气存内,邪不可干",各种养生方法都应以保护强壮正气为基本原则。在健康检查时,除各类指标外,还应该了解个人的生活习俗和生活习惯等,要以"天人合一"的理念,以及规律的日常生活来保障身体健康。

中医特色的健康风险管理,指一些慢性病未形成之前的机体早期功能失衡状态,不能用现代医学检查结果解释,但在中医治未病思想的指导下,可为慢性病的系统综合预防提供先进的理论指导特别是辨证中重视情志、环境、生活习惯等因素在疾病发生、发展、预后方面所起的作用,调治中强调从整体出发,注重精神、生理调养并重的思维模式,对疾病的预防,尤其是慢性病的预防起作用。

建立健全具有中医特色的健康风险管理体系,对艇员实行健康档案管理、健康体检管理、亚健康管理、健康知识管理、医疗信息管理、健康管理工作流程等,实行个体化实名登记制度,除记录日常的体检记录外,应更加详细记录艇员的情志、环境、生活习惯等个人信息,对疾病的预防,尤其是慢性病的预防起到良好的作用。

第三节　潜艇艇员生物钟健康保障

一、生物钟概述

(一) 生物钟的基本概念

自然界万事万物都具有节律性,为了适应自然环境的各种周期变化,各种生物经历长期演化,产生了生物钟系统,都存在生理或行为的各种节律。生物在生理、行为等方面表现出重复出现的特征,称为生物节律;产生和调节生物节律的内在机制则称为生物钟。一些环境因子可以改变节律,并使节律逐渐与环境因子的周期性变化同步,能够对节律产生导引作用的环境因子称为授时因子。地球上很多的环境因子,包括光照、温湿度等因为受到地球自转影响而呈现出24 小时的周期性变化,内源性的生物节律受到环境因子的影响,使其与外界环境的变化保持同步,这一过程称为导引或重置。

对于节律的事件,可用周期、相位、振幅等参数来表示。周期是指在周期性的变化过程中完成一个完整循环所需的时间。计算节律的周期可以用两个相邻峰值之间的时间差来表示,也可以用两个相邻波谷之间的时间差来表示。根据节律的周期长短不同,生物节律通常分为三种类型:①近日节律或称为昼夜节律,节律周期接近 24 小时;②超日节律,节律周期小于 20 小时,可为数小时或数分钟,甚至数秒;③亚日节律,节律周期显著大于 24 小时,一般大于 28 小时,可为数日、数月,甚至更长。振幅是指生物钟在运行过程,具有节律性的指标(如基因表达水平、生理参数、活动频率等)的中间值与峰值或最低值之间的距离,振幅的高低可以反映出节律的强弱。一些节律在恒定条件下持续一段时间后振幅会出现衰减。相位是指在节律循环当中一个特定参考时间点的出现时间,如峰值或波谷与黑暗条件刚开始时刻的时间差。生物内在节律相位发生的改变称为相位移,在不同的条件刺激下,可能发生相位提前或者相位延迟。

(二) 生物钟调控机制

生物体的生命活动受到生物钟的调控,包括睡眠-觉醒周期、体温、心率、血压、激素水平和认知的变化。生物钟的调节对于生物钟与外界环境之间的同步化具有非常重要的意义。哺乳动物身体各组织、器官的细胞里存在着生物钟基因,因此都具有自己的生物钟系统。在组织水平上,视交叉上核(suprachiasmatic nucleus, SCN)是人体的生物钟起搏器,调节其他组织、器官的节律,因此 SCN 里的生物钟称为主生物钟,而其余的外周组织、器官中的生物钟称为外周生物钟,主生物钟和外周生物钟共同组成生物钟等级系统。环境信号可以影响生物钟的起搏器,对节律具有导引作用,同时起搏器必须将身体各组织、器官的节律进行同步化,才能使整个机体的节律与外界环境相适应。SCN 可以接收光信号并产生节律,并调节身体各组织的节律。从 SCN 传递到外周组织主要通过神经内分泌和自主神经两种途径，这种调控途径将身体各细胞、组织和器官的节律耦联起来。SCN 调节着包括交感和副交感神经在内的自主神经系统的功能，进一步调节外周组织的生理活动，并通过激素使外周生物钟的振荡同步化。在各种激素中，对糖皮质激素调节的作用研究得较为广泛，糖皮质激素可以通过调节生物钟基因的表达对外周组织的节律产生导引作用。

地球自转会造成地球表面光照、温度、湿度、噪声、背景辐射等环境因子的昼夜变化，这些变化都可能对生物节律产生影响，其中光的导引作用最为显著。光暗循环条件对生物节律的导引简称为光导引，对于人体而言，光导引是通过 SCN 对节律产生影响的。其他的一些环境因子，如温度、饮食、体育锻炼、社会因素等对节律的导引作用，统称为非光导引。非光导引可根据 SCN 是否参与分为 SCN 依赖和非 SCN 依赖两种类型。外周组织中的生物钟可以通过非 SCN 依赖方式被温度和代谢产物等导引，其中体温和代谢产物为体内的环境因子，说明除了外界环境因素外，体内因子也可以影响节律，如地塞米松、褪黑素等，因此不仅可以通过环境因子导引生物节律，也可以过药物、中医等手段改变体内因子导引生物节律。一般来说 SCN 对非光因素不敏感，例如温度的改变对外周组织节律影响很明显而对 SCN 的节律则不明显。除了环境因子以外，一些社会因素如行为、摄食、社会接触等也会对主生物钟产生导引作用。这些非光因素的授时因子主要影响外周生物钟，外周生物钟同时反作用于主生物钟。

生物节律调控机制国内外开展了众多研究。Moore 等人提出了多振荡器系统假说（multiple oscillator system，MOS），认为哺乳类动物生物节律由多级振荡器的协同作用产生和调节，并指出 SCN 是此振荡系统的主振荡器或起搏器。哺乳动物都有一个由视网膜-

SCN-松果体(pineal gland，PG)组成的昼夜节律轴。视网膜作为该轴窗口，通过其光感受器接受环境光照信号刺激，导引内源性节律在时相上与环境光照周期相一致；SCN作为节律轴的中心，外源光信号的强弱变化经节律轴传递，通过SCN和PG之间的神经联系与内分泌反馈作用，触发和调控机体各种组分的节律输出，构成统一协调的昼夜节律整体振荡系统，共同控制着大部分生物节律的正常运行。外周生物钟组织在SCN缺损时，钟振荡输出作用会逐渐减弱。因此，外周生物钟组织被认为是调节局部组织昼夜节律的从属振荡器。

中枢生物钟和外周生物钟存在相同的转录调节机制，均是通过相关转录因子的激活与失活，形成内在生理振荡节律。主要的转录因子为Clock蛋白和Bmal1蛋白，Clock/Bmal1异质二聚体与位于启动子部位的E-box元件结合，激活其他钟基因的转录，如周期素(Periods，Per1、Per2、Per3)和隐花色素(Cryptochromes，Cry1、Cry2)。表达累积的Pers蛋白和Cry蛋白与酪蛋白激酶ε和δ形成复合体，磷酸化后，进入细胞核，阻止Clock/Bmal1异质二聚体与启动子E-box元件结合，从而抑制Clock/Bmal1异质二聚体的转录，最终形成负反馈转录回路，维持一个近似24小时的基因表达振荡节律。除了该主要转录调节环路，Clock/Bmal1还激活其他生物钟相关基因的表达(如核受体Rev-erbα、维甲酸相关孤核受体、Dec1、白蛋白D位点结合蛋白)，形成辅助环路，使Clock/Bmal1、Pers蛋白和Crys蛋白调节环路更加稳固，最终控制下游的生物钟反应基因，调节生命活动。

(三) 生物钟对艇员生理、心理和行为的影响

生物钟基因除了调控生物钟以外，还参与其他重要的生理、生化过程的调控。人体很多生理指标和行为都表现出昼夜节律的变化特征，睡眠是一种基本的生理活动，生物钟与睡眠密切相关并相互影

响,两者对于人的生理、心理和行为都具有重要调节作用。生物钟如果发生紊乱会导致罹患肿瘤风险增加、出现代谢紊乱、免疫力下降等健康问题。生物钟还对心理和行为具有调控作用,其中包括情绪、认知等,节律紊乱也会导致心理和行为能力的下降,包括疲惫、抑郁、躁狂、注意力和警觉性下降、记忆力下降以及决策力降低等。节律紊乱有关的健康和疾病有很多种,引发节律紊乱的因素包括遗传因素、生理因素和环境因素,针对节律紊乱的不同起因,可以采用相应的方法进行调整和治疗。

潜艇艇员是典型的轮班制工作模式,轮班工作的艇员在白天休息时段由于容易受到环境干扰因而睡眠质量通常不高,在夜晚工作期间却又是处于最困倦和效率最低的时段。轮班工作对学习、记忆和行为也会产生负面影响。对轮班工作的适应也具有个体差异性,相对而言,猫头鹰型的人更容易适应夜间轮班工作。流行病学研究结果揭示,轮班工作会导致一系列健康问题,包括引起胃溃疡、冠心病、代谢综合征等疾病以及导致一些肿瘤的发生率增加,令精神状态和认知功能受到影响,疲惫感增加,还会影响生活满意度和幸福感。轮班工作不仅会影响不同组织中生物钟基因表达的相位改变外,也会影响生物钟基因的表观遗传修饰,夜间轮班工人的生物钟基因如Cry2 和 Clock 的甲基化会出现改变。生物钟和睡眠对调节内分泌和葡萄糖代谢具有重要作用,节律紊乱和睡眠障碍会导致糖尿病和肥胖的风险增加。轮班也会导致肠道微生物菌群的变化,对代谢和免疫均会造成影响。免疫系统包括先天免疫和适应性免疫也受到生物钟的调节,节律、睡眠如果受到干扰,可能导致免疫力下降,反过来,免疫系统对于节律与睡眠也具有影响。生物钟具有调节细胞增殖、DNA 损伤反应和细胞衰老以代谢平衡和免疫应答等重要生理过程的功能,这些功能受到影响或破坏,就会导致肿瘤发生率的增加。轮班工作在夜间工作时的照明可抑制褪黑素的分泌,这可能也是引起肿瘤高发病率的原因。一些大范围的流行病调查数据显示,轮班工作人群罹患非霍奇金淋巴瘤、乳腺癌、膀胱癌、大肠癌的风险明显增加,并且与轮班的频率呈正相关。

引起潜艇艇员节律紊乱的因素主要是非 24 小时自然环境、作息制度、任务压力等,通过调节节律来维持和提高作业的认知和工效,对于维护他们的健康以及提高工作效率会提供重要的帮助,对保障航行任务的顺利完成具有重要意义。对于倒班制人员节律的调节,是保持正常的昼夜节律还是应该让节律与倒班作息时间同步目前尚存在争议。对于潜艇艇员来说,若保持正常的昼夜节律,艇员内在节律与作息制度的不一致会对警觉性和工作效率存在影响,尤其是对夜晚值更的艇员;若让节律与倒班作息时间同步,节律导引的速率与值更制度的安排密切相关,在导引的过程中,节律的紊乱也会对艇员的警觉性和工作效率存在影响,同时,导引后的节律与正常节律不一致会对艇员的健康造成多大影响也是需要考虑的问题。因此,潜艇艇员节律的调节可能还需要根据所采用的值更制度、航行时间、艇员年龄结构和身体状况等条件来决定。

二、潜艇艇员生物钟健康评价

人体存在生理或行为水平的各种节律是经历长期演化而产生的,可以使人类更好地适应地球上因昼夜交替而出现的周期性变化的环境,如光照、温度的昼夜变化等。在人体中,日复一日周而复始的生物钟在各种细胞和组织之中,协调身体各部分的运转,确保生理、生化、行为准时有序地运行,促使机体按照天、月或年来优化行为的时间序列,使体内的时间与外界的环境时间保持一致,对于生理和行为具有重要意义。生物钟调节人体的基因表达、生化、生理、代谢和行为等不同水平的节律,并与人的心理、认知和行为息息相关。当节律受到干扰,人的健康会受到损害。各节律间保持稳定的同步相位关系,是机体保持良好机能状态的必要条件。昼夜节律具有遗传学和可调节性,当昼夜节律被光照、温度和其他物理、化学因子的变化突然打断后,可以重新校正。判断生物钟是否紊乱主要通过检测生物钟调控分子、细胞、组织器官,以及生化、生理及行为等各因子的节律变化是否正常。人体生物节律的紊乱包括人体不同水平节律与环境节律的不一致,同时也包括人体不同水平节律之间的不一致。

行为或睡眠-觉醒周期相位异常会导致节律与周围群体的不同步,从而对健康、学习或工作效率产生影响,如睡眠相位提前或延迟综合征等。在 24 小时昼夜环境里,活动及睡眠-觉醒周期如果与环境不同步,会间歇性地经历失眠的痛苦,每过一段时间就会在白天昏昏欲睡而在夜间难以入眠。非 24 小时睡眠-觉醒综合征患者的生物钟表现出了自运行的特征,患者的核心体温节律的周期接近 25 小时,而工作/休息的周期要保持在 24 小时,因此这两种周期就不同步了,当生物钟节律的相位与睡眠-觉醒相位不同步时,患者就会失眠并带来不适。振幅与相位的稳定程度有关,一般而言,节律的振幅越大,则该节律的相位更趋向于保持稳定。受一些特殊的环境条件或者疾病的影响,人的一些生理指标节律的振幅会发生改变,如睡眠剥夺会对心率、核心体温等指标的振幅产生影响,导致振幅减弱。

生物钟紊乱的检测通常需要通过在 24 小时内的不同时间点采集人体样本,包括唾液、尿液、血液等,通过仪器在实验室检测相应的节律指标,再通过节律计算软件分析节律参数。目前认为检测暗光褪黑素初始释放时间(DLMO)是得出人体内在时型的最准确的方法,然而这个方法需要受检人连续多个时间点内在黑暗条件下采集唾液样本,再通过质谱或酶联免疫吸附测定法(enzyme linked immunosorbent assay, ELISA)来检测。体动仪(腕表)也可以用于记录潜艇艇员 24 小时活动节律。潜艇艇员由于缺乏正常 24 小时周期自然光暗周期的导引,导致 SCN 中的主生物钟出现自运行,而受值更制度、进餐时间、任务压力等因素对外周生物钟的导引,使得艇员外周生物钟的昼夜节律性减弱,同时,外周生物钟又反作用于主生物钟,使得主生物钟在振幅、中值、相位上出现改变。生物钟的紊乱会导致潜艇艇员记忆力、反应力、注意力、觉醒性等认知能力的下降,同时还会降低睡眠质量,引起疲劳程度的增加,内分泌紊乱以及心理问题的产生,从而导致作业能力的下降。

三、潜艇艇员生物钟调控措施

生物节律紊乱的调节方法主要包括光照疗法、褪黑素及药物治疗以及通过社会因素(如作息习惯、用餐时间、工作安排、体育锻炼、以及社交等)改善节律紊乱。根据潜艇特殊环境要求,对于潜艇艇员生物钟调控通常可以通过以下方法:

(一) 值更制度调节

由于潜艇特殊工作环境需要,艇员通常采用轮班制,轮班制会导致人体内在生物节律与睡眠-觉醒活动不一致,受环境授时因子(如光照、进食、睡眠-觉醒等)影响,会导致人体生物节律的紊乱。流行病学研究结果揭示,轮班工作会导致一系列健康问题,包括引起胃溃疡、冠心病、代谢综合征等疾病以及导致一些肿瘤的发生率增加,令精神状态和认知功能受到影响,疲惫感增加。值更制度是影响潜艇艇员生物节律紊乱的主要因素,不合理的值更制度致使睡眠质量差,警觉性下降,因此,值更制度是影响艇员作业能力和身心健康的一大因素。制定科学合理的值更制度对调节生物节律,保障睡眠质量、维护作业能力尤为重要。

潜艇艇员按照非 24 小时制的值更制度作息,且潜艇环境中没有正常的自然光照，会导致人体内在节律与 24 小时周期去同步化，还可能发生节律的自运行，自运行的节律周期约为 24.5 小时，同时，艇员的正常管理以及进餐时间等都是按照正常 24 小时运行，因此，艇员的昼夜节律周期与正常的 24 小时周期每天都有 0.5 小时的时差。这种时差就会导致机体的不适和睡眠障碍，影响作业能力和身心健康。人体节律的周期转换通常大约限制在 23～27 小时，因此，若值更制度周期为 18 小时或 12 小时，则人体内在昼夜节律周期不能转换成与值更制度一致。美国海军潜艇艇员曾采取每天工作 4 小时、休息 8 小时以及每天工作 6 小时、休息 12 小时的值更制度，也就相当于他们每天的时间不是 24 小时而分别是 12 小时和 18 小时，但潜艇军官仍然采用每天 24 小时的作息制度；在每天 18 小时的作息制度下，由 3 名艇员轮班，对 12 名艇员的节律进行了检测，发现艇员的褪黑素节律周期平均为 24.35 小时，同时，节律相位也发生了偏移，还有人出现了自运行，随着长行时间的增加，出现节律自运行的数量越多；艇员体温、心率、呼吸和血压节律周期则出现 12 小时、36 小时和 48 小时等现象；作为对照，军官的节律除了任务需要改变作息时间外，无明显变化。

艇员值更是典型的倒班制工作模式，倒班的方向和速率是影响人体节律适应倒班作息周期的两个主要因素。倒班方向分为向前倒班和向后倒班。向前倒班指顺时针倒班，如从上午到下午再到夜晚；向后倒班指逆时针倒班，如从晚上到下午再到上午。通常人体更适应顺时针倒班，内在生物节律也更更容易适应延迟调整，因为人们总是更习惯于晚睡晚起，这也是为什么向西时区飞行后时差会比向东飞行更容易调整的原因。因此我们在值更制度的安排上尽量按顺时针倒班。倒班速率通常分为快速倒班、慢速倒班以及固定式倒班。快速倒班是指每 1～2 天便改变倒班的值班时间；慢速倒班指每周或者几周改变一次倒班的值班时间；固定式倒班是指倒班的值班时间固定不变,也可看作慢速倒班的一种。通常快速倒班没有足够长的时间供机体节律发生适应性转换,因此快速倒班情况下节律几乎不发生同步化,除非受外部环境影响较大的外周生物钟;而慢速倒班和固定式倒班可以有更长的时间让人体节律适应倒班作息周期,节律会部分同步于倒班时间或趋于一致。通常采用固定式倒班的人员更适应夜晚工作。有研究发现艇员在每天工作 4 小时、休息 8 小时的值更制度下,由于工作和休息时间的固定延迟,会导致人体体温及警觉性节律在 5 天后发生了 5 小时的延迟。因此,如果要保持艇员的节律与正常情况下一致,应该采取快速倒班模式。快速倒班和慢速倒班哪种倒班模式更好尚存在争论。快速倒班可以让艇员不用连续在夜晚值班,容易将人体节律保持与倒班前一致,但人体内在节律与作息周期的不一致又会对作业能力产生影响,尤其是对夜晚值班的作业能力产生较大影响。慢速倒班或永久性倒班容易使人体节律与作息周期同步化,使艇员更容易适应倒班工作,但这种同步化时间至少需要 3 周以上,而且部分艇员往往需要较长时间的连续夜班,在同步化的过程中会打乱人体正常节律,内在节律与正常节律的不一致对身心健康和作业能力产生影响。因此,对于倒班人员来说是保持其昼夜节律与正常节律一致还是应该让其节律适应倒班作息周期,以及采用哪种倒班模式,需要根据具体情况而定。因此,对于潜艇艇员来说是保持其昼夜节律与正常节律一致还是应该让其节律适应倒班作息周期,以及采用哪种倒班模式,需要根据具体情况而定,若艇员年龄较轻,受机体节律与倒班周期不一致对作业能力影响较小,航行时间又较短(如在一个月以内)建议采用快速倒班模式,若艇员年龄较大,受机体节律与倒班周期不一致对作业能力影响较大,长行时间较长(如 2 个月以上)建议采用慢速倒班或固定式倒班。

艇员在值更制度下一天通常可分为工作阶段、睡眠阶段和闲暇阶段。工作阶段、睡眠阶段和闲暇阶段的时间顺序也会对工作效率产生影响。大多数生理节律在活动期间的前半部分升高,而在后半部分降低。人的警觉性在一天的不同时间也呈节律性变化,警觉性水平的最大值通常在上午的后半段和夜晚的前半段,而在中午和午夜警觉性水平最低。睡眠阶段的时间点又会对睡眠质量产生很大的影响。因此,睡眠阶段和闲暇阶段的时间顺序安排应根据褪黑素节律峰值时间的远近关系确定,在决定闲暇阶段与工作阶段的前后顺序时也要根据皮质醇节律峰值时间与工作中点来决定。在不同值更制度下艇员的睡眠时间段也不同,不同的时间段睡眠的睡眠质量也有所不同。在哪个时间段睡眠的质量更高不同研究者的结论也不同,有研究发现,艇员在 4 小时/8 小时制值更制度下,在 04:30 至 11:30 时间段内的睡眠质量最高,而也有研究发现,最高睡眠质量的时间段为 04:00 至 08:00 以及第二个周期的下午值更之后。这些研究表明,每天保持持续的较长时间(大于 7 小时)的睡眠对设计值更制度至关重要。锚睡眠对倒班人员的昼夜节律保持在 24 小时至关重要,即每天保持 3~4 小时在固定相同的时间段的睡眠。锚睡眠可提高睡眠质量,同时可让人体生物钟进行适应转换。因此,保持严格的睡眠-觉醒规律对人体昼夜节律周期保持在 24 小时至关重要。

(二) 光照调节

光是生物钟最重要的授时因子,光信号通过人眼的第三种感光细胞(ipRGCs)刺激人体的生物钟,ipRGCs 细胞有特殊的神经通路将光信号传递到下丘脑上的视交叉神经上核。视交叉神经上核是大脑的生物钟调节器,从而调节人体的日常生理节律以及季节性生理节律。所有生物近日节律的自运行周期都接近 24 小时,而非准确的 24 小时,每天的光照、温度等环境因子的变化周期是 24 小时,可以对生物的节律产生导引作用,使生物在生理和行为上表现出周期为 24 小时的节律性。由于光对节律有显著的导引作用,因此也被用来治疗节律紊乱。

采用光疗法调节生物节律需要考虑光照频谱/色温、光照强度、光照时间、光照持续时间和空间分布对节律的影响。通常而言,用于治疗的光照如果是全波长的白光,那么强度应在 2 500～10 000 lx 范围内,如果是多种方法结合治疗,则可以用较弱的光。由于 ipRGCs 细胞的感光波长为 484 nm,而对褪黑素抑制效果最明显的是 460 nm 波长的光,因此用这一波长附近(446～477 nm)的蓝光进行治疗效果会更好。目前也有一些商品化的辅助工具,如能发出蓝光的 LED 眼镜等,可用于补充光照,帮助调整时差。同时,采用光疗法治疗必须要考虑治疗的时间问题,在一定的近日时间范围里光照可以使相位提前,在一些时段可以使相位延迟,而在另一些时段则可能对节律的相位没有显著影响。在体温最低值前的时间里接受光照有助于使相位延后,而在体温最低值之后接受光照则有助于使相位提前。

缺乏自然光照是导致潜艇艇员生物节律紊乱的一个主要因素,因此,可以采用光照疗法调节艇员的生物节律,例如每天定时进行太阳灯照射 20～30 分钟,也可以根据艇员睡眠和值更情况,在觉醒后或者值更前佩戴发出蓝光的 LED 眼镜 5 分钟以上。

(三) 饮食调节

生物钟调控着人的睡眠-觉醒以及进食节律,人体每天在不同时间的能量需求和营养供给呈现出节律性变化的特征,因此人体的很多代谢过程受到生物钟的调节,包括肝脏、骨骼肌、胰脏等组织的葡萄糖和脂质代谢、体温、激素分泌以及心血管系统的生理与功能等。许多重要代谢途径中的关键基因,如血糖和氨基酸代谢途径等,受到生物钟的调节,具有显著的昼夜节律。除了代谢相关基因外,许多调控主要代谢途径的激素水平受到生物钟的调节,如胰岛素、胰高血糖素、脂连素、瘦素等,这些激素可将中枢神经系统的信息传递到外周负责代谢的组织和器官,对于调节代谢稳态非常重要。

代谢也会反过来影响生物钟,首先,代谢相关的基因会对生物钟基因的表达与功能产生影响;其次细胞的氧化还原状态也对生物钟具有影响,细胞水平的氧化还原状态对节律具有导引作用。另外,限时喂食等因素也可以在分子和行为水平上对生物节律产生影响。

因此,进食作为外周组织生物钟的一种重要的授时因子,不仅会通过主生物钟对外周生物钟产生影响,同时一方面可以以非 SCN 依赖的方式对外周组织的节律起导引作用,另一方面可以使外周组织的生物钟与主生物钟去耦联。多数动物的进食本身具有明显的节律性,这种节律性对维持动物代谢和行为的同步化具有重要意义。由于很多器官和组织的生理功能都需要与动物的进食与饮水行为相适应,对于外周组织来说,食物包括饮水是很重要的授时因子。食物的授时信号主要包括胞内和胞外的代谢产物、糖类、脂肪酸、无机盐等。外周组织中产生的一些激素和代谢产物,如葡萄糖、生长激素释放肽、瘦素、胰岛素、脂连素、糖皮质激素、盐皮质激素和胰高血糖素样肽-1(glucagon-like peptide-1,GLP1)等,可以作为体内因子反过来调节和影响 SCN 的节律。消化道负责吸收食物的代谢物,胰脏负责分泌消化酶,骨骼肌调节糖原合成和利用,肾脏控制肾小球滤过及尿液生成,这些器官的功能都与动物的进食密切相关。在肝脏中,相当一部分具有节律的基因是编码参与食物消化和能量代谢的酶或调节蛋白,例如,胆酸合成途径中的限速酶胆固醇 7α 羟化酶、调节解毒的细胞色素 P450、糖类代谢作用过程中的一些酶类以及调节脂肪酸代谢的一些转录因子等。脑部存在葡萄糖感受器,能够感知血液中葡萄糖的含量,该感受器投射至下丘脑,通过 SCN 对节律产生影响。

进食时间也是影响人体生物节律的一个重要因素。根据时间生物学的实践经验,应在适当的时间摄取营养。碳水化合物、油腻的食物或甜食,一旦晚上食用,就会堆积在胃里,使人在夜里难以入睡。

某些富含维生素及矿物质的食物,一旦在错误的时间食用,就不能完全发挥它们的效用,原因在于负责消化它们的人体器官尚未准备就绪。维生素 A、D、E 与 K 具有溶质性,与具有溶水性的维生素 C、B 及生物素相比,早晨服用的效果明显好于夜晚。简化晚餐,可以降低血糖水平,人体不仅会分泌更多的褪黑激素,而且会产生更多的促生长激素。因此,饮食时间不仅对保持人体正常的生物节律具有重要作用,同时,对维护人体健康,保持人体正常活动能量需要也具有重要作用。

除了进食时间,食物的营养成分也会对生物钟产生影响。激素的改变与饮食中的蛋白、纤维以及茶酚衍生物有关。咖啡因具有很强的刺激性,也可以用来保持清醒,抵抗睡意,一杯意式咖啡约含 85 mg 咖啡因,可以在体内维持 4 小时以上。在傍晚时饮用咖啡具有使褪黑素相位延迟的作用。一些高热量的食物,会刺激消化系统和内分泌系统,提高人的警觉度,令人难以入睡,例如高蛋白的摄入会促进大脑对络氨酸(肾上腺素和去甲肾上腺素的先导物)的摄取。相反,睡眠通过 5-羟色胺调节,通过高纤维饮食会促进大脑对其先导物(色氨酸)的摄入。

(四) 运动调节

运动可为肌肉和外周组织提供时间信号。已有研究表明,运动尤其是运动的时间对增加昼夜节律的稳定性发挥了重要作用。饮食和运动是外周生物钟的主要授时因子,同时也会影响钟基因在 SCN 中的表达。体育锻炼可以激活 5-羟色胺(5-HT)能系统,提高光对节律的导引效率。研究证实,在光环境下运动可降低钟基因 Per1 和 Per2 在 SCN 中的表达峰值,运动时间点和运动量是影响钟基因表达的两个主要因素。运动时间点不同对节律的影响程度不同,例如在黑暗周期前期运动,钟基因的振幅可降低,但在黑暗周期的后期则没有发生改变。运动不仅影响节律的振幅,同时也影响节律的相位,例如在夜晚运动会使相位推后,而在早晨运动会使相位提前。Zambon 等人发现一组 60 个伸缩就会改变人体骨骼肌中钟基因的表达。核心钟基因 Clock 同样对于骨骼肌的健康也相当重要,Clock 基因发生突变的小鼠其肌肉力量下降 30%,同时肌纤维结构也发生破坏,线粒体体积也较少,Clock 蛋白对骨骼肌中线粒体的保持具有重要作用。潜艇艇员保持航行前的运动习惯,每天定时做适量运动有利于保持生物节律的稳定。

（五）褪黑素及药物调节

（1）褪黑素调节。

褪黑素的分泌受到生物钟的调控,具有促进睡眠的作用,同时褪黑素又对生物钟具有调节作用,可以改变节律的相位。褪黑素最早于 1983 年被证明对大鼠的节律具有导引作用,如今褪黑素已被广泛用于治疗多种节律紊乱和睡眠障碍病症,对改善轮班人员睡眠质量具有较好的效果。对于出现节律自运行造成的睡眠障碍人员来说,按时服用褪黑素可以对节律产生导引作用。当节律出现自运行状态,与环境周期不同步,在相位与环境变化不同步的阶段,会出现白天困倦、夜晚难以入睡等健康问题。褪黑素的分泌会受到光的抑制,因此褪黑素主要在夜间分泌,相位与光照条件以及体温的变化大致相反。因此,用褪黑素进行治疗的时间与用光治疗的时间是不同的,例如同样用于治疗睡眠时相延迟综合征(DSPS),需要在早晨给予光照刺激,如果用褪黑素进行治疗,则要在晚上进行,让患者提前入睡。

对于治疗采用的褪黑素的剂量没有很一致的报道,在多数的研究中所使用的剂量范围为 0.5～5 mg。褪黑素无明显的副作用,但可能会造成头痛、短期的抑郁感、困倦、眩晕、胃部痉挛和易怒等轻微症状,外源的褪黑素在体内可通过肝脏的首关代谢降解,半衰期约为 20～45 分钟,因此服用褪黑素后的 4～5 小时内不要从事复杂工作。

光疗法与褪黑素治疗相结合可能会取得更显著的效果。Revell等人同时采用光照和褪黑素对受试者的节律进行导引,根据光照和褪黑素的PRC,在上午给予强光,在下午让受试者服用褪黑素,3天后不再接受额外光照,也不再服用褪黑素,对受试者体内褪黑素进行分析,结果显示只接受光照的对照组相位提前约1.7小时,服用0.5 mg褪黑素的实验组提前约2.5小时,而服用3.0 mg褪黑素的实验组提前约2.6小时。

因此,潜艇艇员若出现夜晚入睡困难和起床时困倦,且开始睡觉时间与值更开始时间间隔在5小时以上,建议在睡前服用褪黑素,剂量可以根据入睡困难程度在推荐剂量范围内(0.5~5 mg)依次提高,在起床后,用强光(如蓝光眼镜、太阳灯等)刺激,抑制褪黑素的分泌,提高清醒度。

(2) 药物调节。

一些药物对于节律或睡眠也具有调节作用。雷美尔通可与MT1和MT2受体结合,是一种褪黑素激动剂,其半衰期约为1~2小时,长于褪黑素。由于雷美尔通可以缩短睡眠潜伏期并增加睡眠时间,且没有明显的副作用,这种药在美国被允许用于治疗失眠。阿戈美拉汀是MT1和MT2的激动剂和5-HT2C受体的拮抗剂,在欧洲被用于临床治疗重型抑郁症。阿戈美拉汀对大鼠和人的节律都具有导引作用,例如在晚上06:00服用阿戈美拉汀,会使人的褪黑素分泌、核心体温节律的相位提前。在老人当中,持续服用15天以上可使相位提前约2小时。国外研究筛选出一些小分子化合物,这些化合物可以通过改变生物钟蛋白磷酸化等翻译后修饰状态来调节生物节律。2012年,Science报道了一种新的有效调节生物节律的小分子物质KL001。该分子能特异性地与昼夜节律关键调节因子-蓝光受体蛋白(cryptochrome, CRY)相互作用,阻止泛素依赖的CRY降解,导致昼夜节律期延长。此外,国内研究表明,通过筛选中药中的有效成分,从丰富的中药资源中寻找调控生物节律和睡眠的药物是具有中国特色的一个重要研究方向。由柴胡、白芍、枳壳、枸杞子、生地黄、石决明组成加味四逆散,具有调节下丘脑-垂体-肾上腺轴(hypothalamus-pituitaryadrenal gland,HPA)兴奋性、拮抗兴奋性氨基酸毒性、影响 5 - HT 的合成释放、保护海马神经元等效应,卯时和酉时给药主要是通过调节 SCN 中 Per、Cry 有关时间点的含量和改变其时间节律。

在非常规行动或执行任务时,采用药物干预措施是保持作业能力的快速而有效的方法。近年来,美、英两国在军事行动中广泛应用药物调节人员的生物节律,以保持作业能力。无副作用的速效催眠药、快速催醒药是首选的研究对象,一些有效的催眠药和促醒剂已经装备部队。法国研究发现中枢兴奋剂莫达非尼在丧失睡眠情况下能恢复作业效率;英国认为丁螺环酮可以供飞行员调节睡眠而不影响次晨飞行;美国研究发现三唑仑和唑吡坦有延长睡眠时间、增强睡眠连续性作用,氟马西尼能催醒上述两种安眠药,并发现褪黑激素能有效预防睡眠障碍和保持作业效率。

潜艇艇员若出现较严重的入睡困难起床时困倦的症状,则可在睡前服用阿戈美拉汀等副作用较小的促眠药物,调节生物节律,在非睡眠时间段则不建议服用。

(六) 针灸调节

中医学认为,昼夜节律是机体随着自然界晨昏变更而出现的生物节律波动,机体阴阳消长与五脏精气盛衰维持着生物的正常节律。失眠的主要病机为机体阴阳失调,阳不入于阴;调和阴阳为中医治疗失眠的重要治则。针灸具有调和阴阳、调节脏腑的作用,现代医学研究表明针刺刺激机体可以疏通经络气血,调节脏腑阴阳,具有预防和治疗多种疾病的作用。

众多有关时间生物学的实验和临床研究结果证明针灸能有效地调节生物节律相位,主要有以下特征:①针灸调整节律相位的作用有双向性,可以导引节律超前,也可以导引节律迟后;②针灸促进节律再同步的作用具有依时相性的特点;③针灸调节昼夜节律的范畴广泛,对自发活动、血压、体温、心率、激素、免疫因子、唾液淀粉酶等昼夜节律均有不同的移相作用;④针灸通过多种作用途径实现对调节昼夜节律紊乱的调节,如通过对 NO、NOS 等自由基活性的作用,对5-HT 等神经递质的调节,对 SCN 内 Per、Cry 等核心钟基因表达的影响。

申脉、照海为八脉交会穴,分别通于阳跷脉、阴跷脉,跷脉有调阴阳、主一身之动静、分主表里的生理特点,因此调节阴阳跷脉(取申脉、照海穴为代表)是目前针灸治疗失眠的常用配穴,现代研究也证实了申脉、照海对睡眠时相有良好的调节效应。潜艇艇员若出现入睡困难等失眠症状,可以采用方便单兵使用的针灸治疗仪调节阴阳跷脉(如申脉、照海穴等),调节生物节律,促进睡眠。

(七) 温度调节

在自然环境中,温度与光线一样也呈现出显著的昼夜节律变化特征,温度对生物钟也具有重要的影响作用。生物钟具有温度补偿的特性,即其周期在一定的温度范围内能保持相对稳定,不会因为温度的波动而发生较大的改变。人体外周组织的生物节律相位很容易受到温度的导引,不具有温度补偿性。生物钟的温度补偿特性是在SCN 的作用下不同区域相互联系、协同调控的结果,并不具有细胞水平的自主性。一方面,SCN 具有调节体温节律的功能;另一方面,整体的 SCN 不易受环境温度温度变化的影响,可以在一定温度变化范围内(近似体温的变化幅度)保持稳定的鲁棒性,而外周组织的振动器则易于受温度周期的影响。在这种情况下,SCN 可以通过调节体温使外周组织节律相位一致，这也是 SCN 调控外周组织节律并使之同步化的一种方式。因此，环境温度的昼夜温差也会对节律起导引作用，在保持光照条件恒定的情况下，短时间的高温冲击或者高温/低温循环对节律具有导引作用，也可以改变相位。在分子水平，温度的短时间冲击或者温度循环对生物钟基因的表达也具有影响。

机体的生理生化过程一般都有温度依从性，会随着温度的改变而改变（如心率、血压和体温等），在环境温度升高时将发生改变。温度对昼夜节律的调节取决于环境挑战的严重程度，并能造成一定的影响，如节律减弱、起搏点产生相位移动。在潜艇环境中保持自然环境的昼高夜低的温度变化有利于保持艇员的昼夜节律的稳定性。

第四节　潜艇艇员应激反应的改善

一、应激概述

应激是由外环境变化和刺激所引起的一种躯体反应。所谓应激反应，实际上是警觉反应的表现，产生警觉、抵抗、肾上腺肥大、免疫力下降，严重应激反应导致机体耗竭死亡。在刺激与应激之间还存在着许多因素，如人体健康、个性特点、生活经验、应付能力、认知评价、信念以及所得社会支持的质与量等，均可起重要的调节作用。应激时，内脏器官会发生一系列变化。大脑中枢接受外界刺激后，信息传至下丘脑，分泌促肾上腺激素释放因子，然后又激发脑垂体分泌促肾上腺因子皮质激素，使身体处于充分动员的状态，心率、血压、体温、肌肉紧张度、代谢水平等都发生显著变化，从而增加机体活动力量，以应付紧急情况。应激结构主要包括应激源、应急本身和应激反应。营养缺乏、感觉剥夺、刺激过量、内分泌激素增加、酶和血液成分的改变等，既可以是应激源，也可以是应激反应的一部分。大量证据表明，意外事故常常是重大的应激源，因为在恐惧悲伤过程中往往会伴有明显的躯体症状。长期处于应激状态能击溃一个人的生物化学保护机制，使人的抵抗力降低，容易患心身疾病。

应激需要具备超负荷、冲突、不可控制性三个特点才能成为一个应激源。超负荷指的是刺激的强度超过个体的正常承受水平；冲突是指刺激物引起两种或两种以上的矛盾情境，主体难以抉择；不可控制性是指刺激物不随人们行为而变化和转移，因此引发主体恐惧、紧张的心理。应激唤醒由知觉到的威胁、需求、挑战或逆境引起的生理和心理上的兴奋与警觉，包括唤醒和主动应对，在很大程度上取决于个体对环境的评价。个体认为所处环境对自身构成威胁，尤其在环境中有令人厌恶而不能预测和控制的事物时，容易被唤醒。也受温度、噪音、音乐、照明和颜色等环境因素的影响。人处在中等唤醒水平时工作效率最高。唤醒水平过高或过低，都不利于工作的完成。每个人的人格特点、过去的经验、经受的锻炼等，在紧张条件下有重要的调节功能。通过神经解剖学和大量观察证据证明，应激反应中的生理反应和心理反应是同时发生的。

二、潜艇作业应激的来源

随着潜艇性能的提高，航行的时间越来越长，人员在身心方面承受了较大压力，应激效应明显，健康问题成为制约任务顺利完成的关键因素。潜艇作业环境的应激源多种因素，如单调压抑的狭小空间、紊乱的作息制度、危险因素的恐惧感、辐射、有害气体、温度变化、噪音、振动、摇摆等环境因素等都对艇员产生应激效应，导致艇员的神经内分泌紊乱和免疫力下降，出现疾病或亚健康状况。复杂密闭的舱室环境因素导致长航过程中艇员健康状况逐渐恶化,从而造成体质下降,心理素质变差,认知能力障碍,综合耐受能力、应急应变能力下降等。

三、潜艇作业应激对健康的影响

中枢神经系统(CNS)是应激反应的调控中心,CNS 是应激反应中的调控整合作用。应激扰动下丘脑-垂体-肾上腺皮质激素系统(HPA)轴,上行主要与杏仁复合体、海马结构等有着广泛联系,下行主要通过促肾上腺皮质激素释放激素(CRH)和肾上腺皮质激素(ACTH)进行密切往返联系,外周效应表现为糖皮质激素(GC)分泌的增加,如图 2-1 所示。应激可产生全身性内分泌反应,蓝斑-去甲肾上腺素能神经元/交感-肾上腺髓质系统蓝斑为中枢位点,上行主要与大脑边缘系统有密切的往返联系,中枢效应与应激时的兴奋、警觉、紧张、焦虑的情绪反应有关;下行主要至脊髓侧角,行使

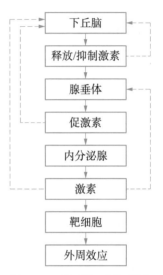

图 2-1 下丘脑-垂体-肾上腺皮质激素系统轴的调节示意图

调节交感-肾上腺髓质系统,外周效应表现为血浆肾上腺素(E)、去甲肾上腺素(NE)浓度的迅速升高。

儿茶酚胺分泌增加,引起一系列的心血管反应,胰岛素分泌减少,高血糖素分泌增加,如图 2-2 所示。HPA 轴兴奋时,使 CRH 分泌,进入腺垂体使 ACTH 分泌增多,进而增加 GC 的分泌。GC 促进糖异生,对胰高血糖素、儿茶酚胺等产生作用,提高心血管对儿茶酚

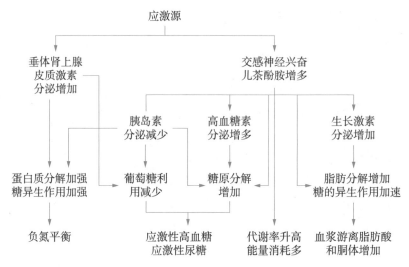

图 2-2　应激时糖、脂肪和蛋白质代谢的变化

胺的敏感性,脂肪、蛋白质糖原分解增加,代谢率增高,能量消耗增加。

　　应激可导致全身适应综合征(GAS)。当应激原持续作用于机体时,GAS 表现为一动态的过程,并可致疾病甚至死亡。因此,GAS 是非特异的应激反应所导致的各种各样的机体损害和疾病,是对应激反应所导致的各种各样的机体损害和疾病的总称。GAS 分警觉期、抵抗期和衰竭期三个阶段。警觉期出现早、机体防御机制快速动员期。以交感-肾上腺髓质系统兴奋为主,并伴有 ACTH 的增多。警觉反应使机体处于最佳动员状态,有利于机体增强抵抗或逃避损伤的能力。此期较短。这一期又可分为休克期和抗休克期。休克期时,可出现血压下降、血管渗透性增高、血液浓度降低及体温下降等休克症状。抗休克期的表现与休克期相反。警觉反应后进入抵抗期。此时,以交感-肾上腺髓质兴奋为主的警觉反应将逐步消退,而表现出 ACTH 分泌增多为主的适应反应。机体代谢率升高,炎症、免疫反应减弱。机体表现出适应,抵抗能力的增强,但有防御贮备能力的消耗。此期间人体出现各种防御手段,使机体能适应已经改变了的环境,以避免受到损害。持续强烈的有害刺激将耗竭机体的抵抗能力,警觉期的症状可再次出现,ACTH 持续升高,但糖皮质激素受体的数量和亲和力下降,机体内环境明显失衡,应激反应的负效应陆续出现,应激相关的疾病,器官功能衰退甚至休克、死亡。此期间为衰竭期,是在应激因素严重或应激持久存在时才会出现。它表示机体"能源"的耗竭,防御手段已不起作用。

应激产生时必然会伴有一定的情绪体验,如紧张、焦虑,情绪波动较大。在情绪的生物化学调节机制中,肾上腺髓质分泌较多的 E,血液中的 NE 含量显著升高。NE 和 E 在血液中发挥激素的调节作用时,既作用于心血管系统使其心率加快,血压升高,又作用于脂肪组织和存储的肌糖原和肝糖原,分别使它们转变为游离脂肪酸、甘油和葡萄糖用以提供能量以满足情绪表现时对能量物质的需要。然而肾上腺髓质两种激素的后一种调节作用,必须在肾上腺皮质分泌的糖皮质激素的调节下才能实现。所以通过交感神经引起肾上腺髓质分泌增强的同时,还须由下丘脑分泌促肾上腺皮质激素释放素(CRF)经垂体分泌促肾上腺皮质激素,与肾上腺髓质激素共同作用于能量代谢过程,为情绪活动提供充足的能量代谢燃料。ACTH 是最早发现的具有调节免疫功能的激素,它的升高几乎对所有免疫细胞都有抑制作用。应激状态下交感神经系统高强度兴奋的人往往表现出最明显的免疫力变化。

应激对身体各个系统均有一定影响。中枢神经系统是应激反应的调控中心,机体会出现紧张、专注程度升高、焦虑、害怕、抑郁、厌食等。应激时糖、脂肪和蛋白质的代谢会发生变化。免疫系统应激时机体的免疫功能增强,但是持久过强的应激会造成机体免疫功能的紊乱。心血管系统交感-肾上腺髓质系统兴奋会使心率加快、收缩力增强、外周总阻力升高、血液重分布,使皮肤、内脏产生缺血缺氧。在心血管急性事件中,心理情绪应激已被认为是一个"扳机",成为触发急性心肌梗死、心源性猝死的重要诱因。消化系统主要为食欲减退,但也有出现进食增加的病例。应激时交感肾上腺髓质系统兴奋,胃肠缺血,是胃肠黏膜糜烂、溃疡、出血的基本原因。血液系统急性应激时外周血中白细胞数目增多、核左移,血小板数增多、黏附力增强、部分凝血因子浓度升高等,表现出抗感染能力和凝血能力增强。慢性应激时,病人可出现贫血,血清铁降低,似缺铁性贫血,但与之不同,补铁治疗无效。泌尿生殖系统肾血管收缩,肾小球滤过率降低,抗利尿素分泌增加,出现尿量少等。应激对生殖功能产生不利影响,如过强应激原作用会出现月经紊乱等症状。应激反应的机理十分复杂,目前长航应激损伤效应并不完全清楚,经文献调研发现其主要累及的靶器官有神经系统、心血管系统和消化系统。神经系统典型症状为应激性精神障碍,它的主要症状为长期持续的疲劳、四肢乏力、记忆力减退、经常性的感冒或者失眠等一系列躯体症状,严重影响患者的精神健康。应激因素与心血管关系密切的疾病有原发性高血压、冠心病和心律失常。消化系统的典型症状为肠易激综合征(irritable bowel syndrome,IBS),是一种常见的功能性肠病,以腹痛或腹部不适为主要症状,排便后可改善,常伴有排便习惯改变,缺乏解释症状的形态学和生化学异常。美国战略核潜艇(SSBN)因携带的是"北极星"战略导弹,故称之为"北极星"潜艇,其自诞生之日起,在短短的 20 年就完成超过 1 000 次战略巡逻。SSBN 在许多方面都是独一无二的,艇员在与外界隔离的受限人工环境生存超过 60 天。美国康涅狄格州格罗顿的海军潜艇医学研究实验室(Naval Submarine Medical Research Laboratory,NSMRL)报告包含了大量关于北极星长期潜航期间遇到的医疗问题信息,其中胃肠道疾病占据榜首,为 0.036 例/1 000 人·天,缺勤率为 0.12 天/1 000 人·天,

仅次于外伤。神经精神疾病也比较突出,患病率为 0.012 例/1 000
人・天,导致缺勤天数为 0.04 天/1 000 人・天(见表 2-1)。患病率
和缺勤率均显著高于水面舰艇人员($P<0.05$)。精神疾病的患病率
和缺勤天数均呈上升趋势,这些变化是由较高的焦虑反应和抑郁发
生率引起的,在恒定和封闭环境中隔离导致精神障碍风险增加,不同
时期统计神经精神病学是患病率增加的唯一疾病类别。此外由于潜
艇的局限性以及其对光学人工调节会产生艇员发生视神经退化的风
险。美国海军核动力潜艇服役士兵死亡率调查研究结果表明,随着
服役时间延长缺血性心脏病死亡风险增加,观察到每增加 5 年潜艇
服役时间,缺血性心脏病死亡率增加 26%(95% CI:$1\%\sim58\%$)。

表 2-1　美国战略核潜艇 10 年巡逻期间健康数据分析及与水面舰艇的比较

	潜艇		水面舰艇	
	患病率例/ 1 000 人・天	缺勤率天/ 1 000 人・天	患病率例/ 1 000 人・天	缺勤率天/ 1 000 人・天
呼吸系统	0.027	0.078	0.13*	0.14*
外伤	0.036	0.16*	0.10*	0.13
胃肠道疾病	0.035	0.12	0.09*	0.19*
皮肤病	0.022	0.045	0.02	0.04
感染	0.014	0.041	0.06*	0.08*
泌尿生殖系统	0.014	0.046*	0.01	0.01
系统性疾病	0.010*	0.057*	0.004	0.00
头部疾病	0.013*	0.040*	0.003	0.00
神经精神系统	0.012*	0.042*	0.006	0.01*
其他	0.001	0.01	0.01*	0.02*
总计	0.184	0.64	0.433*	0.62

潜艇样本总量为 441 万人・天;水面舰艇总量为 121.591 8 万人・天;* 代表显著性
差异。

四、潜艇作业应激的判定方法

目前,应激状况评估多采用心理学量表、神经精神行为测试及血压、脉搏和呼吸监测等方式。但由于应激是一个极其复杂的生物学过程,上述方式存在特异性低、量化不准确等缺点。近年来,大量研究逐步证实应激负荷与机体神经内分泌系统、应激相关蛋白质群、生理反应和精神行为学反应存在剂量效应关系。对于疾病种类繁多,表现多样,诊断和治疗监测存在困难的应激性疾病而言,生物学标记物在应激损伤鉴定和诊断过程中发挥着重要的作用。理想的生物标志物应具有无创或微创、结果可重复、与疾因或进展存在相关的特征。但目前许多被发现的生物学标记物临床意义尚不明确,需要进一步验证。常见的生物学标记物来源包括体液、影像学、组学以及数字生物学标记物。

血浆和血清是最方便的获取来源,血液学生物学标记物可指示自身免疫或代谢相关的 CNS 疾病,神经系统代谢相关生物学标记物如表 2-2 所示。血液中皮质醇水平的降低可能与应激损伤的发生相关,血液中部分神经递质的失衡、ACTH、GC、E 以及儿茶酚氨水平的高低等也都被认为是与应激损伤相关的标志物。血液中可检测到疾病相关的抗体,以及神经胶质生物标志物、神经元特异性烯醇化酶、髓鞘碱性蛋白和 C-Tau 等。此外,精细的蛋白质组学技术现在被用于检测血液中神经退行性疾病的生物标志物。星形细胞蛋白 S100B 是一种有潜在意义的评估外周生物标志物,可见于脑神经损伤患者的血清中,且可通过商业化 ELISA 试剂盒检测到。此外,与压力相关的焦虑抑郁也可继发激免疫系统,造成外周血 S100B 水平升高。神经胶质反应(神经胶质增生)是神经系统损伤的通用标志,其相关的生物标志物星形胶质蛋白(GFAP)可用于评估神经毒性和早期筛查,并在外周血中被检测到。

IBS 是一种以腹痛或腹部不适,伴有排便习惯或粪便性状改变为主要临床特征的神经功能性肠道疾病。临床上通过症状体征的罗马Ⅳ诊断标准等临床标准及特定的实验室检查和内镜检查来诊断 IBS,然而 IBS 病因与发病机制复杂,且临床症状与器质性疾病,例如炎症性肠病、乳糜泻等有部分重合,因此诊断存在主观性,易漏诊误诊。随着基础研究和临床研究的日渐深入,一些 IBS 潜在相关生物标记物受到关注。目前 IBS 的诊断尚缺乏单一的血清学标记物。研究者等从 140 项血清生化指标中筛选出 10 项可用于鉴别 IBS 与非 IBS 人群的血清学标记物,其中包括白细胞介素(IL)- 1β、生长调节致癌基因(GRO)- α、脑源性神经营养因子(BDNF)、抗酿酒酵母菌抗体、抗鞭毛蛋白抗体、抗组织谷氨酰胺转移酶抗体等,该组指标鉴别 IBS 与健康人群的特异性高达 88%,总体准确性约为 70%。在此基础上研究报道新增了 24 项指标,包括前列腺素 E2(PGE2)、类胰蛋白酶、5 - HT、P 物质、IL - 12、IL - 10、IL - 6、IL - 8 等,此外该研究还考虑了心理因素,如情绪、压力、胃肠道外躯体化症状等对疾病的影响,这项联合 34 项生物学指标以及心理因素的诊断方案使鉴别 IBS 与非 IBS 的敏感性和特异性均显著提高,总体准确性大于 85%,且可用于鉴别 IBS 的不同亚型。然而,该诊断方案未能证实心理因素与 IBS 的直接联系以及其在鉴别 IBS 不同亚型中的作用。

相比血液,唾液与汗液不具有稳态调节机制,其中生物标志物也与病理状态相关,并且唾液与汗液的取样和制备可能更容易、更快,有望成为常规筛查样本。近年来,利用唾液生物标志物评估机体应激状态受到较多关注。最新研究报道可反映应激程度的唾液生物标志物较多,包括唾液皮质醇、唾液淀粉酶、唾液嗜铬粒蛋白 A,以及唾液中的分泌型免疫球蛋白 A、并且蛋白(HSP)、炎症因子、钙结合蛋白精细胞特异型 1(CABS1)等,但这些生物标志物并未在战争或非战争军事行动中直接获得足够的试验证据支持。由于人体汗液成分复杂,包括蛋白质、氮化合物、金属和非金属离子、乳酸和丙酮酸等代谢物、外源生物分子等多种成分,因此汗液可作为一种重要的化学生物标志物。尽管关于军事应激损伤的汗液中生物标记物的研究几乎空白,仍有部分研究证明汗液可构成许多基于生理学的情绪和压力检测系统的基础。高强度体能训练后运动员汗液样本发现汗液中的乙酰胆碱(Ach)、多巴胺(DA)及其代谢物 E、NE、5 - HT 及其代谢物等生物分子可能与压力状况有关。皮质醇代谢物有可能作为汗液应激生物标志物,抗体、适配体、MIPs 及生物传感器技术均可用于检测汗液中皮质醇。

胃肠内分泌细胞在 IBS 的内脏高敏性、肠道运动障碍和异常胃肠分泌的发展中起着主要作用。多项研究表明十二指肠黏膜组织中的 CgA 分泌细胞数量、酪酪肽(PYY)、生长抑素分泌细胞数量可作为诊断 IBS 的潜在生物学标记物。此外,便秘型 IBS(IBS - C)患者胃窦黏膜分泌生长激去释放肽的细胞数量明显减少,而腹泻型 IBS(IBS - D)患者胃黏膜中该细胞数量明显增多,推测生长激素释放肽分泌细胞有助于 IBS 亚型的鉴别诊断。低度炎症在 IBS 特别是感染后 IBS(PI - IBS)的发病机制中也起到重要作用。持续低度炎症可破坏肠黏膜上皮屏障,增加其通透性,并引起抗原过度暴露、肠黏膜刷状缘缺失,从而激活肠道免疫系统,导致炎症细胞趋化以及免疫细胞激活、增殖和功能异常,进而产生一系列胃肠道症状。上述过程中,中性粒细胞发挥重要作用,因此部分中性粒细胞相关炎性因子,如粪钙卫蛋白、粪乳铁蛋白、粪中性粒细胞弹性蛋白酶、粪丙酮酸激酶-M2、粪基质金属蛋白酶-9、粪人 β-防御素-2 等,有望成为诊断 IBS 的潜在生物学标记物。

表2-2　神经系统代谢相关生物学标记物

神经化学过程	生物学标记物
糖代谢紊乱	葡萄糖、乳酸、丙酮酸、乳酸/丙酮酸、乳酸/葡萄糖、pH
兴奋性毒性损伤	谷氨酸(天冬氨酸)
ATP 利用率增加	腺苷、肌苷、次黄嘌呤
ATP 耗竭	K^+、神经递质释放
细胞膜降解	甘油
ROS 生成	黄嘌呤、尿酸盐、尿囊素、抗坏血酸、谷胱甘肽、半胱氨酸
NO 生成	亚硝酸盐、硝酸盐、瓜氨酸/精氨酸
神经递质释放	GABA、甘氨酸、去甲肾上腺素、多巴胺、血清素、腺苷
离子紊乱	Na^+、Ca^{2+}、Mg^{2+}
神经炎症	IL-1、IL-6、GFAP、神经生长因子(NGF)
BBB 渗漏	丙氨酸、缬氨酸、亮氨酸

　　脑脊液(CSF)是神经系统疾病潜在的生物标志物的重要来源，也是多种全身性疾病生物标志物的来源，如可以穿过血脑屏障(BBB)的肽和抗体。免疫印迹、等电聚焦、2D凝胶电泳和质谱等蛋白质组学技术已被证明可用于破译CSF蛋白质组。然而，CSF蛋白通常不如其相应的血清蛋白丰富，因此对检测和分析技术的敏感性要求更高。脑细胞外液主要通过脑微透析获得并与CSF一起进行蛋白质组学分析，也是CNS疾病生物标志物的良好来源。基因组学技术：神经疾病较为复杂，传统方法很难识别其机制，而围绕特定目标基因的细小的通路在被研究。系统生物学方法的出现使得从全基因组角度来研究这些复杂的问题成为可能。基因组技术已越来越多地应用于神经系统疾病的研究，并涉及基因组、转录组和表观基因组

的研究。目前测序和各种阵列平台是两种可用于基因组的研究。基因组变异的研究一般使用外周血;转录组的研究以脑组织最多,因为它与疾病机制更相关,同时外周血和 CSF 也可用于探索挖掘新的生物标志物,表观基因组改变的研究可使用外周血、CSF 或脑组织。

影像技术能够在体内研究中诊断疾病,近年来 CT、MRI、PET和 SPECT 等可用于活体大脑中的病理学进行影像。分子功能 MRI结合神经系统中的分子现象与全脑影像技术,能够精确探索疾病过程,并将其与大脑的整体功能联系起来。脑病理学改变通过影像可视化可指导体内治疗的指导。超声和 MRI 可用作因缺氧缺血、脑出血或感染引起的脑损伤的生物标志物;扩散张量影像(DTI)纤维束影像是创伤性脑损伤和动脉瘤性蛛网膜下腔出血(aSAH)的生物标志物和早期终点。BBB 破坏生物标志物主要通过结构影像(造影剂只在损伤部位穿透 BBB,如 MRI)和功能影像(研究物质穿过 BBB 的运输,如 PET 和 SPECT)。相对而言,使用钆造影剂的 MRI 比使用CT 造影剂的结构影像敏感性更佳。功能影像主要通过 PET,可以量化治疗药物(如细胞毒剂和单克隆抗体)在脑内的摄取情况。SPECT 可半定量白蛋白或红细胞的 BBB 渗漏情况,应用较 PET 少。目前仍需生物标志物来检测 BBB 的早期变化。

数字生物学标记物是指通过用于测量各种重要功能或实验室参数的可穿戴或植入式数字设备进行医院或院外患者健康的连续监测,从而实现疾病的预测、诊断与治疗评估。目前对于电子数据的临床相关性及标准化问题已经得到很好的解决,并在临床应用上发展迅猛。

五、潜艇作业应激的防护措施

采用一定技术手段,通过训练管理可以有效对付应激事件,渡过心理难关,从而减轻或消除应激可能导致的身心伤害。个体提前预暴露于应激情境,并成功地学会处理程度轻微的应激性事件,对应激情境的认知和应付能力就会得到发展或提高,渐渐地就能承受强度越来越强的应激性情境。应激预防训练可以锻炼个体在应激情境中提升应付技巧,学习应对应激的心理技能。锻炼和运动,尤其是耐力训练能有效降低氧化应激水平,在降低机体炎症症状中发挥重要作用。运动结合饮食控制,对降低组织氧化应激的效果更明显。近年来发现高强度间歇训练同样能改善氧化应激效果,甚至比持续有氧运动好。低氧抗阻训练在运动训练领域得到广泛重视,低氧抗阻训练可有效产生身体生理应激,长期低氧抗阻训练可引起肌肉重塑适应这项技术也可借鉴到长航应激习服锻炼中,人工模拟低氧技术采用低氧面罩或者低氧舱进行。有些应激训练依托演习演练、事故环境模拟人操作等常规手段进行,存在训练手段单一、训练环境不逼真、训练要素不全等问题。基于虚拟现实(virtual reality,VR)和增强现实(augmented reality,AR)技术的模拟训练系统已广泛应用于军队和地方。应激习服训练中引入这一技术,既可改善实操训练的组织实施困难,又可节省实操训练人力和物力的投入。利用三维可视化技术,基于 Unity3D 引擎,根据长航环境背景特点,构建逼真的作业场所环境模型、仪器设备模型、事故模型、伤员模型等,为训练人员提供高沉浸、高逼真体验,提高训练人员应激习服能力。

（一）出航期间运动和营养保障

世界上发达国家的军队都十分重视军用功能食品等非药物干预措施的研究,美军纳蒂克工程中心从 20 世纪 90 年代开始对军用功能食品及特殊食品进行研究,先后编写了《海军营养与体重控制自学指南》《海军突击队员健康与营养指南》等。为提高特殊作业人员的体能和脑能,增强作业能力,国内外开展了具有抗化学污染和核辐射、预防疾病、耐疲劳、抗应激、能调节体内脂肪增加能量供给、促进伤病员康复等功效的功能性食品,研究人体在特殊工作环境下营养代谢的机制,营养素调控机制,开发特需膳食及其特殊饮食装备,将作业人员应激损伤降到最低,延长特殊环境中的持续作业时间。

(二) 药物干预

药物的干预主要在其他干预措施不起作用的情况下采用。药物干预措施中脑肠肽可有效改善胃肠道应激状态。脑肠肽又被称作为胃肠激素,在中枢系统和消化道中都存在,包括血管活性肠肽、胃动素和神经肽 Y 等 60 多种。目前相关研究认为脑肠肽参与了应激对胃肠功能的影响。例如作为抑制性神经递质的血管活性肠肽,可与胃肠道靶细胞的特异受体结合并激活 cAMP 依赖性蛋白激酶,从而对胃肠相关运动起到抑制性的调节作用。另有研究表明噪声应激可显著提升神经肽 Y 的浓度水平,并影响实验动物的餐后胃肠运动,延长移行性符合运动波的回复,导致胃排空的减慢。

第三章

艇员健康维护相关器材

────── 第一节　气体检测专用器材 ──────

空气是人类赖以生存的重要环境因素之一，机体与外界环境不断地进行着气体交换，从空气中吸入生命所需的氧气，将代谢过程中产生的二氧化碳排出体外，以维持生命活动。自然状态下的空气是一种无色、无臭、无味的混合气体，其主要成分按体积分数计算为氮气占 78.09%、氧气占 20.95%、稀有气体占 0.93%、二氧化碳占 0.033%、其他微量气体占空气总量的 0.001%。潜艇作业环境空间封闭狭小，艇员和设备集中，与外界空气交换不畅，有害气体在舱室中积累，直接或间接地对人体造成危害，影响艇员的正常工作与生活。

气体检测就是及时了解潜艇作业环境中气体的种类和浓度、污染程度、污染范围和污染规律，并根据有关卫生学标准进行评价，以便进一步评估各种污染物单独和联合作用对人体健康的影响，为环境质量控制提供依据。空气净化与消除就是要及时有效地消除作业环境中易燃、易爆气体及有害气体等，将其控制在容许浓度以下，以确保潜艇设备运转安全和人员健康安全。

一、一氧化碳

（一）一氧化碳来源

一氧化碳主要是潜艇内使用的各种有机合成材料及木材常温老化的产物，柴油发动机运转和武器发射时产生的废气、人体代谢产物、绝缘材料不充分燃烧和氧化分解等也产生一氧化碳。

（二）一氧化碳理化性质

一氧化碳是一种无色、无气味、无刺激性的气体，分子量为 28.01，沸点 $-191℃$，熔点 $-205℃$，蒸气相对密度 0.967，略溶于水（20℃时溶解度为 2.3 mg/100 mL），易溶于氨水。一氧化碳在空气中的爆炸极限为 $12.5\% \sim 74\%$（体积分数），极易燃烧，该气体易穿透天花板，在有微细分散的金属粉末存在时，该物质易生成有毒、易燃的羰基化合物，燃烧时的产物为二氧化碳。

（三）一氧化碳毒性

1. 代谢和毒性机制

一氧化碳经呼吸道吸入并通过肺泡进入人体后，极易与血液中的血红蛋白结合产生碳氧血红蛋白（HbCO），HbCO 的解离速度是氧合血红蛋白解离速度的 1/3 600，由于 HbCO 的存在影响氧合血红蛋白的解离，阻碍了氧的释放，导致低氧血症，引起人体缺氧而导致窒息死亡，CO 浓度、接触时间与 HbCO 的关系如表 3-1 所示。

表 3-1　CO 浓度、接触时间与 HbCO 的关系

CO 浓度		HbCO/%		
mg/m³	ppm	1 小时	8 小时	平衡时
115	100	3.6	12.9	16.0
70	60	2.5	8.7	10.0
35	30	1.3	4.0	5.0
23	20	0.8	2.8	3.3
12	10	0.4	1.4	1.7

2. 人体反应

急性一氧化碳中毒主要是在工作或生活环境中，吸入过量一氧化碳引起组织缺氧所致。一氧化碳经呼吸道进入血液中与血红蛋白结合造成人体组织缺氧，短期内吸入高浓度一氧化碳可引起头痛、头昏、心悸、四肢无力、恶心、呕吐、意识模糊和重者昏迷，长期反复吸入一定量的一氧化碳可致神经行为和心血管损害，一氧化碳浓度、接触时间与相应的症状如表 3-2 所示。

表 3-2　一氧化碳浓度、接触时间与相应的症状

CO 浓度/(mg/m³)	接触时间	症状
80	8 小时	无不良作用
230	6 小时	额部轻微头痛
340	4 小时	头痛、眩晕
460	2 小时	额部剧痛
1 300	33 分钟	心悸
1 300	1.5 小时	轻微摇晃，视听障碍
3 400	0.5 小时	死亡
5 000	5～10 分钟	死亡

（四）一氧化碳分析仪

1. 仪器功能介绍

一氧化碳分析仪主要用来检测潜艇作业环境空气中一氧化碳浓度,可连续、间歇和长时间检测潜艇作业环境空气中的一氧化碳浓度,具有全自动管理、简单触摸按键操作、智能化取样及存储、自动标定、浓度超限声光报警等功能。设备轻便便携,方便潜艇作业人员对各舱室一氧化碳浓度进行快速检测,当潜艇作业环境中一氧化碳浓度超过设定的允许浓度时,可以声光报警的方式提醒指战员,为潜艇指战员采取有效的防护措施提供依据。一氧化碳分析仪如图3-1所示。

图3-1　一氧化碳分析仪

2. 仪器组成

一氧化碳分析仪主机主要由汽水分离器、过滤器、气路系统、气室、红外传感器、电气系统六大部分组成,如图3-2所示。

一氧化碳分析仪的红外光学传感器光学部件由红外光源、气体滤波相关组件(切光片、滤波室)、光学池、反射镜、检测器和直流电机等主要部分组成,结构原理图如图3-3所示。

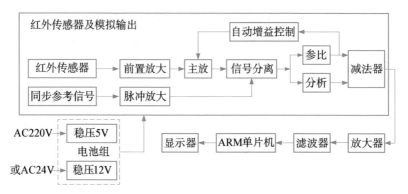

图 3-2 一氧化碳分析仪仪器组成示意图

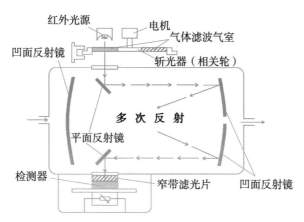

图 3-3 一氧化碳分析仪的红外光学传感器光学部件

3. 仪器工作原理

仪器采用红外气体滤波相关技术检测一氧化碳浓度,根据与气体吸收有关的朗伯-比尔定律($I_1 = I_0 e^{-kCL}$)和气体对红外线的选择性吸收原理设计,测量原理图如图 3-4 所示。

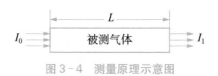

图 3-4 测量原理示意图

红外光源发出的红外线通过一个光程为 L 的气室前后的强度分别为 I_0 和 I_1,当气室中含有能吸收红外线的被测气体(如一氧化碳)时,则能量 I_1 满足下式:

$$I_1 = I_0 e^{-KCL} \tag{3.1}$$

式中,K 为气体的红外线吸收系数;C 为被测气体的浓度;L 为光程。

K 表示气体吸收特性的一个系数,当气体种类确定了,则 K 值就确定了。当光程 L 一定时,I_1 的大小仅与气体浓度有关,测量出 I_1 的大小,就等于测量出气体浓度。

红外法具有测量准确、抗干扰能力强、显示直观、重复性好、使用寿命长等特点,与气相色谱法和检定管法相比有明显的优势,是检测潜艇作业环境中一氧化碳浓度的优选技术方案。

4. 仪器使用操作

使用前的准备和检查:使用前应检查仪器是否完整,是否有破损摔伤。使用前应认真阅读仪器使用操作说明书和仪器的安全防护、标志说明,了解仪器启动及运行过程中的操作程序、注意事项及容易出现的误操作和防范措施。

仪器的基本操作:仪器在使用过程中应放置在反映舱内空气真实情况的位置进行测量,仪器安放地点应保持干燥、清洁、通风良好。

(1) 仪器启动测量:接通电源,打开仪器面板上的电源开关。在仪器主界面选择实时测量,仪器开始测量一氧化碳浓度,所测得的一氧化碳浓度数值将自动保存并可以随时调阅。同时在此界面下还可以显示气压、温度、气泵流量、数据记录和时间等信息,默认状态下系统将按照所设定的测量周期进行测量。

(2) 仪器报警设置:在仪器系统设置界面可以选择报警设置,设置仪器一氧化碳浓度超限报警的危险报警点值及高危报警点值。建议报警设置时第一报警点小于第二报警点。如果只想设置一个报警点,可将两个报警点设置成相同数值。

（3）仪器关机:直接关闭仪器面板上的电源开关即可关机,仪器应在结束测量状态后再关机断电,长期停止使用时应该断开仪器的电源线。

仪器的调试方法:仪器初次使用或长时间停用后开启,应在仪器预热完成后进行一次零点和终点校准,具体方法如下。

将仪器放在通风处并取下气体进出口短接管路,打开仪器电源开机预热。预热完成后进入仪器设置检查调零方式,如使用氮气调零应该选择氮气调零方式,如使用霍加拉特调零应该选择霍加拉特调零方式,同时检查霍加拉特是否失效。进入仪器校准界面进行仪器的零点校准,零点校准完毕后进行仪器的终点校准,必要时需要对 100 ppm 和 1 000 ppm 分别进行校准以提高仪器的准确度。使用一氧化碳标准气调试仪器时,应注意环境通风换气,避免人员中毒。校准完毕后应及时将标准气钢瓶的阀门关好,防止泄露。

仪器的维护保养:仪器使用环境温度最高为 50℃。当环境温度超过 50℃时,则不能保证规定的测量精度和误差极限。长期工作在高温下,仪器的使用寿命和维修周期会缩短,在选择仪器安装地点时,要注意周围环境不要对仪器产生强烈震动。本仪器属于非防爆电气设备,禁止在有爆炸危险的场合使用。

仪器前面板和外表保持整洁,可用软布擦拭仪器表面。定期更换吸收管中的霍家拉特催化剂,更换周期为连续运行 720 小时。定期检查过滤器中的滤芯,若发现滤芯表面污染发黑严重应及时更换。仪器长时间停用时,应将气体进口和出口用管路短接,防止污染仪器内部气路。

二、二氧化碳

(一) 二氧化碳来源

二氧化碳主要来源于潜艇作业人员机体的代谢,在人体呼出气中二氧化碳占了绝大多数;其次,潜艇内使用的各类无机、有机材料分解时会产生二氧化碳;此外,设备运转如柴油机排气、燃料燃烧,舱室内存放的谷物、水果、蔬菜及木质用具,以及有机物发酵、氧化或燃烧均会产生二氧化碳。

(二) 二氧化碳理化性质

二氧化碳是一种无色、无味、溶于水后略有酸味的气体。二氧化碳分子量为44.01,比重为1.524,升华温度−78.5℃,在此温度下可以压缩成干冰。二氧化碳在水中的溶解度为1.45 g/L(25℃时),易溶于氨水。二氧化碳的化学性质不活泼,不能燃烧,通常也不支持燃烧,属于酸性化合物,具有酸性化合物的通性,因与水反应生成的是碳酸,所以是碳酸的酸酐。

(三) 二氧化碳毒性

大气环境中的二氧化碳浓度正常约为300 ppm,高浓度二氧化碳主要存在于职业性工作环境中。空气中的二氧化碳经肺部吸入进人体,再由肺泡扩散到血液中。二氧化碳的溶解性比氧气大很多,能自由穿透细胞膜,从肺部扩散到血液的速度比氧气快20倍。肺泡中的二氧化碳浓度较高时会导致呼吸困难,造成气体交换能力降低以及酸中毒。血液中过量的二氧化碳会降低大脑皮质的兴奋性,当二氧化碳浓度达到25%或更高时,有时会导致人体抽搐。当二氧化碳浓度达到50%或更高时,会产生明显的皮质和皮质下抑制,产生类似于麻醉剂的作用。人体暴露在高浓度二氧化碳环境中所造成的症状和效应主要有头痛、呼吸困难、心血管系统效应、视听能力快速降低、神经行为能力下降、酸碱平衡和电解质紊乱等(见表3-3)。

表3-3 二氧化碳吸入浓度与症状

浓度/%	O_2浓度	症 状
0~2	正常	无症状,但呼吸加深,潮气量增加约30%
4	正常	呼吸深度增加,有明显烦闷,呼吸频率轻度增加
4.5~5.0	正常	呼吸极度困难,有些个体几乎难以忍受
7~9	正常	可以忍受的极限浓度
>10	正常	产生窒息,随后失去知觉
20	正常	动物1小时无危险,可能不能对人
25~30	正常	无刺激效应,呼吸减缓,血压下降,昏迷,反射丧失,麻醉,肺水肿,死亡

低浓度二氧化碳大多在坑道、潜艇作业环境和飞船等密闭空间中。在这种环境下,人体呼出的二氧化碳如果得不到及时清除,二氧化碳可以蓄积到人体不能耐受的浓度。低浓度二氧化碳对呼吸中枢有兴奋作用,高浓度二氧化碳则会抑制甚至麻痹呼吸中枢,在缺氧条件下有增强二氧化碳毒性的作用。人吸入过高浓度的二氧化碳,可使体内二氧化碳滞留并产生呼吸性酸中毒和中枢麻痹窒息。长期接触较高浓度二氧化碳的工人,会出现头痛、头昏、失眠、易兴奋、无力等神经功能紊乱症状,但未见脏器损害。潜艇作业环境中不同浓度的二氧化碳在不同时间内对人体作用的特点如表3-4所示。

表 3-4 常压下二氧化碳吸入浓度对人体的作用

浓度/%	作用时间	机 体 反 应
0.03~0.10	长期	正常呼吸
0.10~0.17	长期	感觉空气质量变差
0.17~0.30	长期	有不愉快感,感觉苦闷
0.30~0.50	长期	无明显不适症状,有时有恶心现象
0.55	6 小时	无明显症状
1.0~1.5	24 小时	可耐受,无特殊反应
1.5~2.0	24 小时	可忍受,刺激呼吸中枢,呼吸强而深
>2.0	长期	呼吸频率增加,可引起头痛、耳鸣、眩晕、血压升高

(四) 二氧化碳分析仪

1. 仪器功能介绍

二氧化碳分析仪是用于检测潜艇作业环境空气中的二氧化碳浓度的设备,主要目的是让艇员随时掌握作业环境中二氧化碳气体的浓度变化,决定开启艇内二氧化碳吸收装置的时间,保障潜艇的航行安全和艇员身心健康。某型二氧化碳分析仪如图 3-5 所示。

图 3-5 二氧化碳分析仪

2. 仪器工作原理

二氧化碳分析仪主要由气路系统、光学系统、电路系统三大部分组成。气相色谱法是检测空气中二氧化碳浓度的经典方法，但受制于设备体积大，操作烦琐等原因不适于在潜艇中使用。本仪器使用的红外分析法是基于不同气体对红外线有选择性吸收这一原理而设计的。仪器选用单波非色散红外原理（NDIR）二氧化碳红外传感器，仪器的光源、相关轮、滤波气室探测器、前极及主放模拟电路等零部件采用模块化设计，免去传统红外二氧化碳分析仪的烦琐结构。同时，二氧化碳变送传感器采用自校准专利技术，寿命长、预热时间短且功耗低，仪器具有分析快速、灵敏度高、准确性好等特点。仪器工作原理如图 3 - 6 所示。

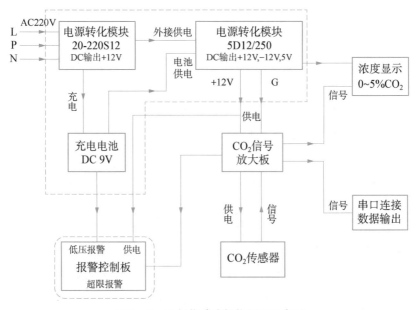

图 3 - 6 二氧化碳分析仪原理示意图

3. 仪器使用操作

使用前的准备和检查：打开仪器前应认真阅读仪器使用操作说明书和使用注意事项，防止出现误操作。该仪器为手持式便携二氧化碳气体分析仪，可根据检测需求放置在需要测量的舱室或点位。

仪器的基本操作：仪器应平稳放置在需要检测的位置，使用环境应保持干燥、清洁、通风良好。

（1）仪器启动测量：仪器可以使用交流或直流（蓄电池）供电，打开仪器前置面板上的电源开关，预热 30 分钟后打开气泵开关，仪器开始实时测量二氧化碳浓度并显示测量结果，默认状态下系统将按照所设定的测量周期进行测量。

（2）仪器报警设置：仪器可以设置二氧化碳浓度超限报警值，当浓度超过报警值时仪器的报警指示灯会亮起并发出"嘀、嘀"的声音。

（3）仪器关机：仪器在结束测量状态后关闭气泵开关，再关闭仪器面板上的电源开关，长期停止使用时应该断开仪器的电源线。

仪器的调试方法：仪器初次使用或长时间停用后开启，应在仪器预热完成后进行一次零点校准。仪器选用二氧化碳传感器变送器，减少了用钠石灰吸收二氧化碳的过程。因此，仪器在调零时只需用高纯氮气通入气室即可完成调零。

仪器的维护保养：仪器长时间停用时，应将气体进口和出口用管路短接，防止污染仪器内部气路。仪器使用环境温度最高为 50℃，长期工作在高温下，仪器的使用寿命和维修周期会缩短。当仪器使用直流（蓄电池）供电时，电源电压低于 6 V 时充电指示灯会亮起并发出低压报警，应当及时连接电源线对电池充电，充电时间为 6 小时。

三、氧气

（一）氧气来源

常规潜艇供氧系统主要采用氧烛，氧烛的成分为过（超）氧化钾和过（超）氧化钠，供氧原理是利用其强氧化特性，在热分解时释放氧气，或与水蒸气与二氧化碳反应生成氧气。这种方式供氧存在着药剂吸湿膨胀后效率降低以及产生粉尘造成二次污染等问题。俄罗斯等国常规潜艇以其作为主要供氧设备，核潜艇则以其作为备用的空气再生装置。液氧罐供氧广泛应用于 AIP 型潜艇，从液氧罐中出来的液氧经过汽化后减压、混合，然后送入各舱室供艇员呼吸。液氧罐供氧和超氧化物供氧方式属于一次性供氧，受到携带量的限制，在使用时难以满足潜艇长时间连续潜航的需求。

核潜艇因为能源充足，潜艇艇员的氧气大多是采用电解水产氧装置获取的。美、英等国潜艇一般都装备有电解水产氧装置，该装置利用潜艇储存的电能进行电解水，在潜艇水下航行期间可持续向潜艇供应充足的氧气。这种方式是当前核潜艇主要的供氧方式，但由于产生氢气，有一定危险性。尽管存在着腐蚀性碱液存放、设备体积大、工作效率低等问题，但它能够满足水下长期供氧的需求。为提高产氧的安全性和可靠性，国外海军研制了新一代产氧机，该装置应用固体聚合物电解质电解水技术（SPE）来生产呼吸用氧，其优点在于由微处理器控制，产氧工作效率高，不使用腐蚀性电解质，可在低压下运行，安全可靠，产氧量大，且降低了易燃氢气的含量。通过三种供氧方式比较，SPE 克服了碱性电解液的腐蚀问题，是潜艇水下长期供氧技术发展的趋势。但由于能耗较高，目前还无法在常规潜艇实施。

（二）氧气理化性质

氧气是一种无色、无臭、无味的助燃性气体，其化学性质比较活泼，大部分元素与氧气能发生反应。常温下不是很活泼，与许多物质都不易作用。但在高温下则很活泼，能与许多元素直接化合。分子量为32，沸点为 −183℃，熔点为 −218.4℃，蒸气相对密度为1.239g/L，在20℃时，1体积氧气可溶于32体积的水或7体积的酒精，也可溶于其他有机溶剂。在空气中氧气约占21%，液氧为天蓝色，固氧为蓝色晶体。

（三）氧气毒性

氧气是潜艇中维持艇员正常生理功能必不可少的生命支持气体，同时也为某些动力系统正常运转提供可靠保证。根据不同氧气含量对人体作用的特点与分析，人体长期在氧气含量低于19%的环境中对人的夜视力有不良影响，氧气含量为17%～18%时会使人有晕厥现象发生。氧气是一种维持动物生命必需的高度助燃性气体。体内氧过量有害人体健康。在常压或高压下，暴露于过高氧气含量的环境会导致氧中毒。氧中毒的类型包括肺型氧中毒、神经型氧中毒和视觉型氧中毒，人体氧中毒取决于暴露浓度和暴露持续时间。例如，对人体志愿受试者研究发现，在1.0 ATA的氧暴露12～16小时，或在1.5 ATA暴露8～14小时，或在2.0 ATA暴露3～6小时，可对肺产生不良影响。肺型氧中毒的特点是出现与气管支气管炎症状相一致的胸骨下和气管不适及咳嗽。

暴露于异常高的氧气浓度会引起癫痫、眩晕、恶心、管状视野、失明、疲劳、焦虑、精神错乱、共济失调以及其他神经型氧中毒体征。晶状体后纤维组织增生是常压条件下新生儿暴露于高水平氧气时发生的一种常见眼科效应。据报道，成人在常压下可发生氧诱发的视网膜病变。一些特殊岗位作业人员（如潜水员），有可能发生氧中毒。暴露于缺氧环境可触发适应性反应和不良反应，生理变化涉及心血管、肺、造血系统，引起过度换气、心动过速、肺动脉高压、脑血管收缩、全身血管舒张、低碳酸血症、呼吸性碱中毒、促红细胞生成素合成、红细胞生成增加以及血细胞比容增加，其他变化包括情绪变化和认知能力与运动机能障碍。对缺氧环境尚未习服者会出现头痛、疲劳、气急、恶心、食欲减退、睡眠障碍或呕吐。严重缺氧还可导致肺水肿、脑水肿或视网膜出血，这些症状在高海拔地区极为常见。

（四）氧气分析仪

1. 仪器功能介绍

氧气分析仪是用于检测潜艇舱室空气中氧气浓度变化的设备，主要目的是让潜艇指战员随时掌握舱室内氧气气体的浓度变化，决定开启艇内供氧装置的时机，保障潜艇的航行安全和艇员身心健康。某型氧气分析仪如图 3-7 所示。

图 3-7　氧气分析仪

2. 仪器工作原理

潜用氧气分析仪主要由气路系统、氧传感器、电路系统三大部分组成。气相色谱法检测空气中氧气浓度受制于设备体积大、操作繁琐等原因,不适于在潜艇中使用,热磁式氧分析法会受到一氧化氮、二氧化氮等气体的干扰影响氧气测量结果的准确度。本仪器采用极谱隔膜式氧电极传感器测量氧气浓度,具有测量准确、响应快、寿命长等优点,整机结构由供电电路、低电压报警电路、氧气传感器及分析测量电路组成,仪器结构简单、体积小、重量轻、操作简便(见图 3 - 8)。

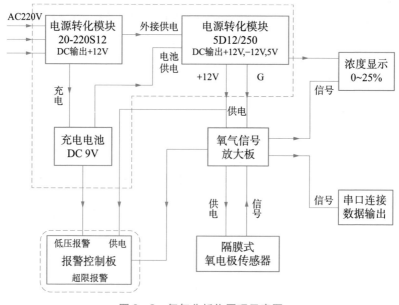

图 3 - 8　氧气分析仪原理示意图

四、氢气

(一)氢气来源

氢气是一种无色、无臭、无味的助燃性气体,其化学性质比较活泼,大部分元素与氧气能发生反应。氢气主要来源于蓄电池充放电过程,在核动力潜艇中使用的电解水制氧时会产生氢气,此外人体代谢产物中也有少量的氢气存在。

(二) 氢气理化性质

氢气是无色且密度比空气小的气体,各种气体中氢气密度最小。标准状况下氢气密度为 0.089 g/L,分子量为 2.015 88,沸点为 −252.77℃,熔点为 −259.2℃,氢气难溶于水,可以用排水法收集氢气。常温下氢气性质很稳定,不容易和其他物质发生化学反应,但条件改变时,如点燃、加热、使用催化剂等情况下,氢气具有较强活性。

(三) 氢气毒性

氢气是一种没有特殊生理作用的气体,只有在极高浓度时,才可能因为氧气的正常分压下降而引起窒息。在极高压力下,氢气有麻醉作用。氢气是潜艇舱室中存在的一种有害气体,属于易燃易爆气体,当定量的氯气与氢气结合且遇火花、热或光照时,均可引起爆炸。氢气的易燃限值下限为 4%,上限为 74.2%,氢气的可燃浓度为 29.5%。当空气中氢气浓度超过 4% 时,会有高度的爆炸性。因此规定潜艇电池舱的氢气含量不得超过 2.5%,并应对电池舱定时通风。

(四) 氢气分析仪

氢气分析仪是用于检测潜艇舱室空气中氢气浓度变化的设备,主要目的是让潜艇指战员随时掌握舱室内氢气的浓度变化,决定开启艇内消氢装置的时机,保障潜艇的航行安全和艇员生命安全。氢气分析仪如图 3-9 所示。

图 3-9　氢气分析仪

　　氢气分析仪主要由取样系统、热导池、放大器、显示电路系统组成。气相色谱法检测空气中氢气浓度受制于设备体积大、操作烦琐等原因,不适于在潜艇中使用。电化学法易受到一氧化碳、二氧化硫等气体的干扰,影响氢气测量结果的准确度,且传感器寿命较短。本仪器采用热导法测量氢气浓度,具有抗干扰能力强、响应快、灵敏度高等特点,工作原理是根据气体的导热率差异来确定其成分,即通过对混合气体导热率的测量来测定混合气体中各气体的含量,一般在混合气体中氢气导热率最高,当混合气体中背景气体(如氮气等)或其他成分基本保持恒定时,混合气体的热导率基本取决于氢气的浓度,因此,根据气体导热率的不同就可以测出氢气的浓度。整机结构由供电电路、低电压报警电路、氢气热导池及分析测量电路组成,仪器结构简单、体积小、重量轻、操作简便。仪器工作原理如图 3-10 所示。

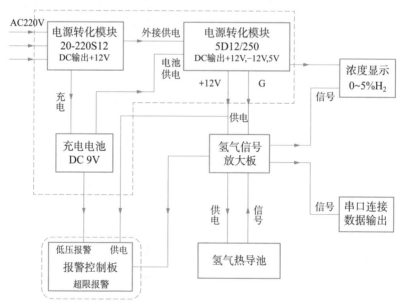

图 3-10　氢气分析仪原理示意图

第二节　便携式中子剂量和内污染快速诊断器材

核事故时，人员可能通过外照射和内污染等途径遭受辐射危害，造成放射损伤；对放射损伤伤员核应急医学救治的一个重要环节就是伤员剂量诊断，包括对外照射剂量和内污染核素种类与活度的检测评估等，然后进行针对性治疗。其中，外照射剂量又分为 γ 外照射剂量和中子外照射剂量，γ 外照射剂量检测评估一般采用热释光剂量计、生物剂量计等，技术较为成熟；中子外照射剂量检测评估的手段则较少。而对内污染核素种类与活度的检测评估一般采用甲状腺计数器、肺部计数器、全身计数器等，其中，全身计数器功能齐全，但较为笨重，无法携行使用；甲状腺计数器和肺部计数器有的可携行使用，但功能单一。本章介绍的中子剂量和内污染快速诊断器材基于 γ 谱测量分析快速诊断伤员所受中子剂量和内污染核素种类与活度，一机多用，设计精巧，采用便携式仪器仪表的技术形式，方便展开，易于使用。

一、器材名称

便携式中子剂量和内污染快速诊断仪（简称诊断仪）。

二、基本原理

人员受到中子照射后，体内的 Na 被活化产生 ^{24}Na 并发射 γ 射线，通过测量伤员头顶处的 ^{24}Na 计算伤员中子受照剂量。人员遭受放射性核素内污染后，短期内放射性核素主要集中在肺部，通过测量

肺部处的 γ 射线,快速判定人员内污染 γ 核素种类和活度。

放射性核素发射的 γ 射线进入探测器,在探测晶体内产生与 γ 射线能量成正比的微弱光信号,经前置电路和前置放大器处理放大后,形成等比例高度的脉冲信号,再由脉冲幅度分析器根据高度将脉冲分配至相应的能量道,形成多道谱,然后通过对多道谱数据的分析实现对 γ 放射性的定量分析,从而快速检测辐射损伤伤员的中子剂量以及内污染核素种类和活度。

三、主要用途

诊断仪主要用于在核应急医学救援现场快速检测伤员所受中子剂量,以及内污染核素种类和活度。诊断仪如图 3 - 11 所示。

图 3 - 11　便携式中子剂量和内污染快速诊断仪

四、功能与特点

诊断仪的基本功能主要包括:快速检测辐射损伤伤员的中子剂量;快速检测辐射损伤伤员的内污染核素种类和活度。

诊断仪基于 γ 谱的测量分析快速诊断伤员所受中子剂量和内污

染情况，一机多用，设计精巧；采用便携式仪器的技术形式，便于携带，方便展开，易于使用。

五、系统构成

诊断仪由主机、探测器、线缆和准直器组成，如图 3-12 所示。

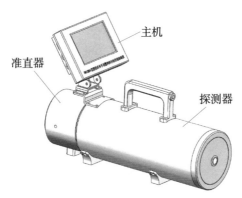

图 3-12　诊断仪组成示意图

探测器采用一体直通式结构，分别布置探测晶体、光电倍增管、前置放大模块和电池，主机由外壳、信号处理模块和触摸屏组成，探测晶体采用 3 英寸①溴化镧晶体，如图 3-13 所示。

六、技术指标

(一) 基本性能

(1) 探测下限：中子剂量诊断下限≤0.1Gy，内污染诊断下限≤

_____

① 1英寸＝2.54厘米。

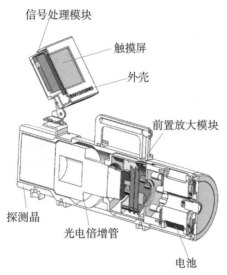

信号处理模块

触摸屏

外壳

前置放大模块

探测晶

光电倍增管

电池

图 3‑13　诊断仪内部结构示意图

$1×10^5$ Bq。

（2）诊断速度:≤20 min/人。

（3）能量分辨率:<3.5%(662 keV γ 射线)。

（4）能量响应范围:50 keV 至 3.0 MeV。

（5）结果显示:直接显示中子剂量、内污染诊断结果。

（6）外形尺寸:主机尺寸为 157 mm×110 mm×46.5 mm,整机尺寸为 398 mm×157 mm×280 mm。

（7）重量:主机重量为 0.65 kg;整机重量为 10 kg。

(二) 环境适应性

（1）作业环境温度。工作环境温度为 0～46℃。

（2）贮存极限温度。贮存极限温度分别为－25℃和 46℃。

（3）相对湿度耐受能力。应通过湿度 98%(40℃)持续 48 h 的恒定湿热试验。

（4）抗盐雾腐蚀能力。符合 GJB 150.11A《军用装备实验室环境试验方法》盐雾试验的相关规定，能抵抗海域环境中的盐雾腐蚀的有害影响。

（5）抗冲击能力。符合 GJB 4000—2000《舰船通用规范》要求，抗冲击能力等级为 B 级，运输箱应通过 GJB 150.18A《军用装备实验室环境试验方法》冲击试验规定的运输跌落试验。

（6）抗振动能力。应能通过 GJB 150.16A《军用装备实验室环境试验方法》振动试验中 A 2.3.11 第 21 类—船—舰船中规定的试验。

（7）三防能力。满足 GJB 1629《军事后勤装备防核、生物、化学武器通用规范》规定的 C1B1Nc1Np1 级防护能力。

（8）电磁兼容性。满足 GJB 151B《军用设备和分系统电磁发射和敏感度要求与测量》规定的 CE102、CS101、CS114、RE102、RS103 项目要求。

七、操作使用

（一）使用前准备

打开诊断仪后盖装入电池，使用线缆连接主机和探测器。

（二）开机

按压诊断仪尾部的开关按钮开机，预热 15 分钟，待主界面（见图 3 - 14）显示计数不为 0 后即可进行检测。

（三）检测伤员中子剂量

（1）伤员躺卧，将探测单元对准并贴紧伤员头顶中央部位，若主

图 3 - 14　主界面

界面显示的剂量率值达到 10^{-6} 数量级,则加装准直器。

（2）点击主界面上的"中子剂量"按键,进入中子剂量检测界面（见图 3 - 15）。

图 3 - 15　中子剂量检测界面

（3）点击"受照射时间"右侧的"设置"按键,设置伤员受到中子照射的时间,单位为分钟。

（4）点击"照射结束到开始测量时间"右侧的"设置"按键,设置伤员中子照射结束到开始测量的时间,单位为分钟。

（5）点击"测量时间"右侧的"开始"按键,开始检测。

（6）检测结果起始为红色显示,随着时间的延长,测量计数不断增加,测量误差随之减小,检测结果逐步变为黄色、蓝色、绿色;在伤员数量较少、救治需求不急迫时,等待检测结果变为绿色时结束检测;如果伤员数量较多或救治需求急迫,则一般在检测结果变为黄色后可结束检测。

(7)点击"测量时间"右侧的"结束"按键,读取、记录中子剂量检测结果。

(8)检测时间达到 20 分钟后,如仍未检测到中子剂量,则停止检测。

(9)点击"返回"按键,返回主界面(见图 3-15)。

(四) 检测伤员内污染

(1)伤员取坐姿,将探测单元对准伤员两乳头之间的中心点,贴紧身体,若主界面显示的剂量率值达到 10^{-6} 数量级,则加装准直器。

(2)点击主界面上的"内污染"按键,进入内污染检测界面(见图 3-16),点击"清零"按键清除检测信息开始检测。

图 3-16　内污染检测界面

(3)当检测到伤员内污染时,将显示内污染核素和对应活度。

(4)检测到内污染核素后,对应的活度检测结果起始为红色显示,随着时间的延长,测量计数不断增加,测量误差随之减小,检测结果逐步变为黄色、蓝色、绿色。在伤员数量较少、救治需求不急迫时，等待检测结果变为绿色时结束检测；如果伤员数量较多或救治需求急迫，则一般在检测结果变为黄色后可结束检测。

（5）读取、记录内污染检测结果。

（6）检测时间达到 20 分钟后，如仍未检测到内污染核素，则停止检测。

（7）点击"返回"按键，返回主界面（见图 3－16）。

（五）关机

按压诊断仪尾部的开关按钮关机。

八、维护、保养

（一）维护保养的主要内容

保养的主要工作有清洁、检查、通电和调整等。

（1）清洁。清洁工作是提高保养质量、减轻配件磨损和材料消耗的基础，并为检查和调整做好准备。清洁工作总的要求：诊断仪总体外观整洁，各部件无污垢、工作正常。

（2）检查。检查就是通过检视、试验和其他方法，来确定诊断仪各部件技术状况是否正常，工作是否可靠，机件有无变异和损坏，为正确使用、保管和维修提供可靠依据。检查工作总的要求包括：总成、配件状态正常；配件是否齐全。

（3）通电。诊断仪不使用期间，应每隔半个月开机通电 15 分钟。

（4）调整。工作使用后，可能会发生诊断仪不能满足正常工作的情况，应根据情况，进行必要的维护和状态调整，恢复其保障效能。

（二）作业前后的保养

（1）作业前检查。检查零部件是否齐全、正常，如果不满足使用要求应该及时更换。

（2）作业后保养。擦拭各零部件，取出电池，上报并视情申领维修或更换部件。

九、常见故障排除

当诊断仪主界面出现"探测器故障"字样时，表明探测器出现故障，故障排除分两步。

（1）首先检查探测器高压是否为 500 V，如果不是 500 V 则重新设置为 500 V。

（2）如果高压正确，则为探测器损坏，需更换探测器。

第三节　艇员体表放射性污染去除器材

核潜艇等复杂狭小空间内发生核事故时，事故现场人员易发生普通皮肤和伤口的放射性沾染，待援期间艇员的体表放射性去污十分重要，可以有效降低受污染人员的受照剂量，减少核污染的扩散，为后送治疗赢得时间。目前，已研发的艇员放射性去污装备主要包括便携式洗消装备和大型洗消设备两类，如便携式洗消包、洗消车、洗消模块等。随着洗消装备的多样化发展，在核化生洗消装备选型与评估方面国内有专家开展了研究。随着核设施逐渐向小型化、可移动式发展，核事故发生概率增大的同时，应充分认识到洗消设备便携化的重要性。国外许多国家都为潜艇装备了便携式个人洗消器材,代表性的装备有美国的 M258 型个人消毒包、M291 皮肤消毒包、M295 便携式消毒装具、联合便携式皮肤洗消剂(JSPDS)以及俄罗斯的 IPP‐3 便携式消毒盒等。德国对污染洗消与防护十分重视,除类似于上述美国的便携式洗消包等洗消装备外,还研制了小型移动式洗消器,在洗消的同时对废液进行回收,主要用于局部伤口的洗消(见图 3‐17)。该装备为德国凯驰公司生产,重量约为 31 kg,设备的材料选型和框架结构设计不适用于艇内环境作业。

图 3‐17　德国凯驰移动式洗消器

研发适用于潜艇等复杂环境下的便携式放射性去污装备,可较好地解决潜艇等核设施内发生核事故时的现场人员体表局部去污问题,为待援赢得时间,减少污染扩散。

一、仪器名称

放射性去污箱(见图 3‐18)

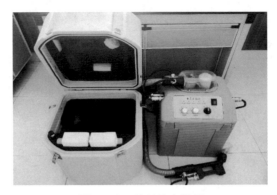

图 3 - 18 放射性去污箱

二、主要用途

潜艇舱室和海上救援平台人员体表局部放射性污染的洗消,潜艇舱室和海上救援平台人员伤口及精细部位放射性污染的洗消。

三、主要组成与结构

该产品主要包括放射性去污箱和洗消器,放射性去污箱主要用于存放洗消器、洗消剂以及常用洗消器材。

洗消器主要包括壳体组件、喷吸部件、气水分离器、洗消液罐、废液罐、喷雾泵、吸气风机以及控制系统等,如图 3 - 19 所示。

洗消器由喷雾泵、吸风机、喷吸部件、洗消液袋、废液袋、电控系统等组成。喷雾泵从洗消液袋中抽取洗消液,喷淋于体表,吸风机抽吸回收体表的放射性物质和废液,储存于

图 3 - 19 放射性去污
箱外观图

废液袋。喷吸部件在喷吸作业时可调节作业状态,进行喷淋、洗刷和废物回收。电控系统用于控制开关、调节喷吸流速、提示使用状态等。电源接口具备蓄电池 UPS 通用接口。

洗消器外形尺寸为 550 mm×350 mm×400 mm,主体设备重量 12.5 kg,喷吸部件的控制线和走水通气软管通过快速连接头与主设备连接,洗消液暂存罐和废液暂存罐布置在设备两侧,能快速拆卸。控制面板上设置温度报警旋钮和指示灯,高温和低温各 1 个,具体机构如图 3 - 20 所示。

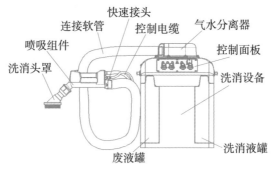

图 3 - 20　洗消器结构图

四、使用前的准备和检查

使用前需要检查现场用电是否满足产品使用要求、去污箱中零部件是否齐全;使用人员需经过培训后方可操作使用;使用前需熟悉该使用说明书操作流程。

五、现场组装步骤

(1) 将放射性去污箱转运至洗消作业点。

（2）解锁 4 组锁扣组件，打开箱盖，如图 3 - 21 所示。如果在无照明环境作业，可先取出手电筒照明。

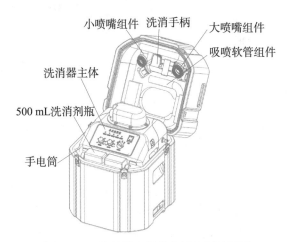

图 3 - 21　放射性去污箱内部布置示意图

（3）取出洗消手柄、吸喷软管组件，按照如图 3 - 22 所示进行组装。洗消手柄接口插入吸喷软管接头。喷液软管插头插入洗消手柄喷液管嘴。连接吸喷软管电缆插头与洗消手柄插座（刻度对正后插入，顺时针旋转拧紧，下同）。

（4）根据洗消作业需要，取出大喷嘴组件（适用于面积较大体表）或小喷嘴组件（适用于面积较小体表），按照如图 3 - 23 所示进行组装。喷嘴组件喷液孔与洗消手柄管嘴对正，将喷嘴组件完全插入。拧紧锁紧旋套。

（5）取出洗消器主体，放置于平坦地面或工作台上。

（6）在图 3 - 24 所示位置，取出电源模块，贴靠于核潜艇放射性去污箱背面存放，或放置于其他不影响作业的位置。

（7）在图 3 - 25 所示位置，取出电缆 1，将其快速插头与电源模块输入插座连接。

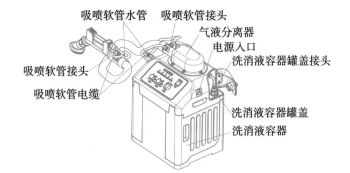

图 3-22 洗消器组装示意图

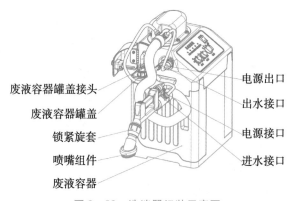

图 3-23 洗消器组装示意图

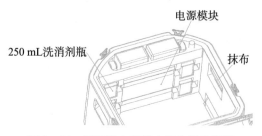

图 3-24 放射性去污箱内部布置示意图

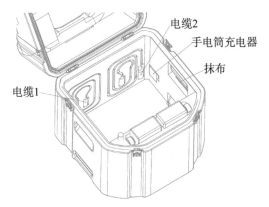

图 3-25　放射性去污箱内部布置示意图

（8）在图 3-26 所示位置，取出电缆 2，将其 2 个快速插头分别与洗消器主体的电源入口插座和电源模块输出插座连接（见图 3-27）。

图 3-26　快速插头位置示意图

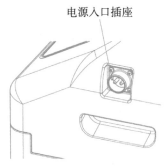

图 3-27　洗消器主体及电源模块插口位置示意图

（9）组装喷吸软管组件与洗消器主体。吸喷软管接头插入气液分离器接口。喷液软管插头插入洗消器主体出水接口。连接吸喷软管电缆插头与洗消器主体电源出口插座。

六、设备的操作

根据洗消作业需要，配制适用的洗消液。加注洗消液，各操作部件如图 3-28 所示。

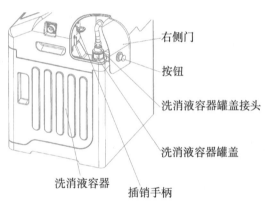

右侧门

按钮

洗消液容器罐盖接头

洗消液容器罐盖

洗消液容器　　插销手柄

图 3-28　加注洗消液操作部件位置示意图

（1）按下右侧门按钮，打开右侧门。拔出洗消液容器罐盖接头，上提插销手柄，将洗消液容器拉出。

（2）拧开洗消液容器罐盖，加注适量的洗消液，拧紧洗消液容器罐盖。

（3）将洗消液容器推入洗消器主体，插入洗消液容器罐盖接头，确认罐盖通气孔未被堵塞。

（4）锁闭右侧门。

废液容器清空，各操作部件如图 3-29 所示。

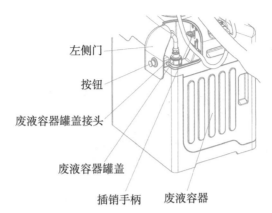

左侧门

按钮

废液容器罐盖接头

废液容器罐盖

插销手柄　　废液容器

图 3‑29　废液容器清空操作部件位置示意图

（1）按下左侧门按钮，打开左侧门。拔出废液容器罐盖接头，上提插销手柄，将废液容器拉出。

（2）手提废液容器，确认废液容器中无较多的废液。否则拧开废液容器罐盖清空。

（3）将废液容器推入洗消器主体，插入废液容器罐盖接头，确认罐盖通气孔未被堵塞。

（4）锁闭左侧门。

电缆1取电插头（三脚插头）与现场 AC220 V 电源插座连接取电。

喷液档位选择，位置如图 3‑30 所示。使用大喷嘴组件时，喷液档位选择"中档"或"高档"。使用小喷嘴组件时，喷液档位选择"低档"或"中档"。

温度设定。旋转"低温设定"，设置洗消液加热启动的温度。旋转"高温设定"，设置洗消液加热停止的温度。

打开控制面板的电源开关。

手持洗消手柄，将喷嘴组件贴合在需去污的体表，向后按下喷吸

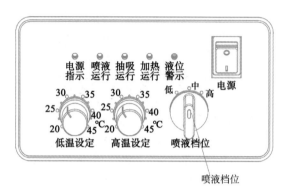

图 3-30　喷液档位旋钮位置示意图

开关,如图 3-31 所示,抽吸启动,随即喷嘴将洗消液以一定压力喷射于体表进行洗消,同时进行废液的抽吸回收。洗消过程中可以适当移动洗消手柄,但应保证毛刷始终与体表贴合。

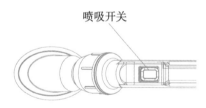

图 3-31　吸喷组件喷吸开关示意图

可根据洗消需要,向前按下喷吸开关,只进行抽吸作业,使体表残留废液完全回收。

作业结束后,将喷吸开关置于中间位置,延时抽吸结束后,将喷嘴组件从体表移开。

液位警示处理,位置如图 3-32 所示。

(1)"液位警示"灯常亮报警,说明洗消液接近耗尽,洗消器将停止喷液。喷吸开关置中停机,加注洗消液。

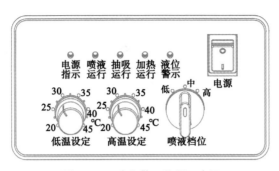

图 3‑32　液位警示位置示意图

（2）"液位警示"灯闪烁报警，说明废液接近装满，洗消器将停止喷液和抽吸。喷吸开关置中停机，清空废液。

更换毛刷板，如图 3‑33 所示。

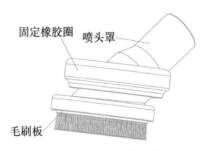

图 3‑33　更换毛刷板示意图

（1）剥离毛刷板外部的固定橡胶圈，将橡胶圈推向喷头罩一侧。

（2）取下毛刷板，完成更换。

（3）从喷头罩一侧，安装固定橡胶圈。

七、使用注意事项

洗消器运行时，应保持竖直状态。

　　使用过程中,应避免各软管、电缆受机械损伤而破损。

　　洗消器长期不用,应将洗消液容器和废液容器清空。应将洗消手柄和气液分离器中残液干燥后贮存,运行设备持续进行抽吸,可以清除管道中的残液。